Brigitte Kleinod und Friedhelm Strickler

Naturnahe Dachbegrünung

Kreative Ideen für Garage, Carport, Laube & Co.

Planen • Bauen • Bepflanzen

illustriert von Margret Schneevoigt

pala verlag

Inhalt

Platz ist auf der kleinsten Hütte

Mit jedem Gebäude, ob Haus oder Schuppen, wird Boden versiegelt und Leben vernichtet. Naturnah, mit heimischen Pflanzen begrünte Dachflächen leisten einen kleinen Ausgleich für die Flächenversiegelung mit neuen, wenn auch ganz anderen Lebensräumen als den ursprünglichen unter den Gebäuden. Es entstehen Lebens- und Aufenthaltsräume für verschiedenste Pflanzen- und Tierarten und viele Möglichkeiten zu Naturbeobachtungen. Wenn es dort grünt und blüht, stellen sich nach und nach Schmetterlinge, Wildbienen und Singvögel ein. Noch lebhafter geht es zu, wenn zusätzliche Nisthilfen angeboten werden. Wer will da noch auf Dachpappe oder blanken Kies schauen? Das Dach eines begrünten Gartenhauses oder einer Garage bietet – vom Fenster oder Balkon aus betrachtet – ganz neue Ausblicke und Einblicke in das Naturgeschehen. Diese Sinneseindrücke bereichern unser Leben und helfen auch, den Alltag ein wenig zu entschleunigen.

Mit diesem Buch möchten wir Ihnen Begrünungsbeispiele für kleine Dächer vorstellen, die Sie selbst ausführen können. Zunächst werden dazu die ökologischen Grundlagen und die technischen Voraussetzungen beschrieben. Anschließend erklären wir Schritt für Schritt die Arbeitsabläufe für flache, geneigte und steile Dächer. Unter den vielfältigen Ideen für naturnah begrünte Dächer ab Seite 87 finden Sie dann bestimmt die Bepflanzung, die zu Ihrem Dach passt. Was Sie beachten müssen, damit das Dach und die Bepflanzung lange halten, erklären wir Ihnen ebenfalls. Im Anhang finden Sie dann noch ein bisschen »Fachchinesisch«, falls Sie den einen oder anderen Begriff nachschlagen möchten, sowie Bezugsquellen für Pflanzen und Materialien.

Lassen Sie sich bitte nicht entmutigen, wenn Ihnen das eine oder andere zunächst etwas kompliziert erscheint. Beim direkten Handeln auf dem Dach wird manches einfacher, als es hier im Text

den Anschein hat. Wir selbst haben schon viele Nebengebäude und andere kleine Dächer begrünt und sind immer wieder begeistert, mit wie wenig Aufwand sich kleine grüne Oasen schaffen lassen. Schon nach wenigen Wochen zeigen sich die ersten Blüten auf dem Dach und viele Insekten finden in Kürze den Weg dorthin. Deshalb sind uns die Pflanzenvielfalt und eine reiche Strukturierung auch auf kleinen Dächern so wichtig.

Wir hoffen, Sie mit unserer Begeisterung anstecken zu können und Ihnen alles Wichtige für eine erfolgreiche naturnahe Begrünung Ihres Gartenhauses, Ihrer Garage oder eines anderen Nebengebäudes mit auf den Weg zu geben. Wir wünschen Ihnen viel Erfolg und Freude beim Erschaffen eines neuen kleinen Lebensraumes.

F. [Unterschrift] Brigitte Kleinod

Das Prinzip Gründach

In der Natur gibt es nichts »Sauberes« oder gar »Steriles«, denn fast alles kann von Bakterien, Pilzen und Pflanzen besiedelt werden. Dazu gehören auch künstliche Flächen wie Gebäude, die schnell von Algen, Flechten und Moosen erobert werden. Was vielen Menschen ein Graus ist, freut Biologen und Naturfreunde, denn die genannten Pioniere auf nackten Flächen bereiten den Boden für weitere Pflanzen und für Tiere.

Flache und nicht zu steile Dächer bieten gute Möglichkeiten für die Besiedlung mit Pflanzen. Biologen beobachten gerne, was sich von selbst ansiedelt. Gärtner helfen lieber nach und bepflanzen Flächen nach ihren Vorstellungen. Naturnah arbeitende Gärtner stehen dazwischen, greifen auf die Beobachtungen aus der Natur zurück und bepflanzen Dächer nach dem Vorbild natürlicher Standorte wie Flächen auf Felsen. Dazu verwenden sie standortgerechte einheimische Pflanzenarten, die sich ohne Pflegeeingriffe auf dem Dach erhalten. So entstehen auf künstlichen Standorten schnell natürlich wirkende, dauerhafte Pflanzengemeinschaften, die auch viele Tiere anlocken. Wird die Dachfläche auch noch reich strukturiert und mit Tierquartieren aufgewertet, kann sich dort oben eine kleine Lebensgemeinschaft etablieren.

Für die Dachbesitzer ergeben sich spannende Ausblicke auf Pflanzen und Tiere. Die hinzugewonnene Grünfläche ist nicht nur hübsch anzusehen, sondern wertet auch den Garten auf und ersetzt die versiegelte Fläche unter dem Gebäude.

Gute Gründe für bepflanzte Dächer

Das Dach eines Wohnhauses soll möglichst gut begehbar und geräumig sein und als Stau- oder Wohnraum genutzt werden können. Daher haben die meisten Häuser steile Dächer, die sich nur mit speziellen Techniken begrünen lassen. Flachdächer, die wegen ihrer Anfälligkeit für Undichtigkeiten lange Zeit aus der Mode gekommen waren, erleben zwar mit der Wiederentdeckung des Bauhausstils eine Renaissance, werden aber leider nur selten begrünt. Erhöhte Ansprüche an die Wärmedämmung und damit höhere Dachaufbauten lassen auch oftmals wenig Spielraum für den Architekten, da die vorgeschriebenen Firsthöhen eingehalten werden müssen. So sind begrünte Dächer von Wohngebäuden hierzulande immer noch eine Seltenheit. Zudem sind Planung und Ausführung auf alle Fälle eine Sache für erfahrene Architekten bzw. darauf spezialisierte Fachbetriebe.

Doch für die meisten Nebengebäude wie Gartenhäuser, Garagen und Carports gibt es keinen Hinderungsgrund, sie selbst zu begrünen. Hier liegt noch viel überbaute Fläche brach, die sich mit wenig Aufwand bepflanzen lässt. Dies kann auch vom Laien ausgeführt werden, da die technischen Anforderungen bei unbewohnten Nebengebäuden viel geringer sind als bei bewohnten Häusern. Mit einer Dachbegrünung kann man seinen Garten selbst »vergrößern« und verschönern und nicht zuletzt einen wichtigen Beitrag zum Natur- und Umweltschutz leisten.

Grüne Dächer haben Tradition

Dachbegrünungen sind keine Erfindungen der Neuzeit, sondern sehr alte Methoden der Baukunst. Sowohl in heißen als auch in kalten Klimazonen sind sie noch heute wichtige Bestandteile der traditionellen Architektur. Bewachsene Dächer isolieren gegen Hitze und Kälte, verbessern das Innenklima, gleichen Temperaturschwankungen aus, schützen die Dachhaut und mindern den Lärm auftreffenden Regens.

Kanadische Grassodenhäuser, skandinavische Holzhäuser mit Grasdächern und isländische Torfsodenhäuser sind bekannte Beispiele aus den kalten Klimazonen mit viel Niederschlag. Die Gras- oder Torfsoden halten die Wärme im Haus und legen sich wie ein schützender Mantel ums Dach. Damit das viele Regenwasser abfließen kann, sind die Dachflächen stark geneigt.

In südlichen Zonen mit wenigen Niederschlägen dienen Flachdächer zum Sammeln von Regenwasser, das in Zisternen geleitet wird. Eine Begrünung verringert hier zwar die Menge des nutzbaren Regenwassers, hält aber die Wohnräume unterm Flachdach angenehm kühl.

Schutz der Dachhaut durch spontanes Grün

Traditionelle Dachpfannen aus Tonziegeln haben eine raue Oberfläche und bieten damit Algen, Flechten und Moosen einen guten Halt. Das ist durchaus von Vorteil, denn ihr Bewuchs verhindert das Abplatzen der obersten Tonschicht bei Frost und schützt sie somit.
Flachdächer mit einer Eindeckung aus Teerpappe werden von einer dicken Staub- und Rußschicht und der darauf wachsenden Vegetationsdecke oftmals Jahrzehnte geschützt. In Berlin gibt es Wohnblocks, deren leicht geneigte Holzzementdächer bereits vor 90 Jahren aus Brandschutzgründen mit Kies und Erde abgedeckt wurden. Die Spontanvegetation ist bei einigen bis heute erhalten und die Dächer sind noch immer dicht.
Auf vielen älteren Garagen mit bekiestem Flachdach bilden sich von selbst Pflanzengesellschaften, besonders wenn viel Staub und Laub angeweht wird. Sie schützen die darunterliegenden Bitumenbahnen vor den Folgen der Klimaschwankungen und vor mechanischen Belastungen, gleichzeitig verhindern sie Ausdünstungen.

Ein Gewinn für Mensch und Natur

Wer mit offenen Augen durch ältere Siedlungen geht, sieht allerorten Spontanbesiedlungen von Dacheindeckungen. Je nach den vorherrschenden Klimabedingungen auf dem Dach werden Eterniteindeckungen, Tonziegel und sogar Dachpappen von Algen, Flechten und Moosen besiedelt. Deren Polster dienen nach einiger Zeit anderen Pflanzen als Wurzelgrund. Jede Unebenheit hält weitere angewehte Bodenteilchen, Laub und Samen fest, sodass sich die besiedelbare Auflage auf der Dacheindeckung von selbst erhöht. Was den meisten Hausbesitzern ein Ärgernis ist, freut Naturschützer und Biologen, denn es zeigt, dass sich Pflanzen und Tiere überall ihren Platz zurückerobern, wenn man sie lässt. Moderne Dacheindeckungen machen es der Natur allerdings durch Schmutz abweisende Beschichtungen fast unmöglich, den Standort Dach von selbst zu besiedeln.

Auf Flachdächern können sich spontan dauerhafte und schöne Dachbegrünungen entwickeln, die selbst nach vielen Jahren, entgegen landläufiger Meinungen, keine technischen Probleme bereiten. So wird die Dichtigkeit der Dächer nicht beeinträchtigt, im Gegenteil, der Aufwuchs schützt die Dichtungsbahnen vor UV-Licht und Frostrissen.

Größere Gehölze und manche Kletterpflanzen können aber zu Schäden führen, die Dichtigkeit eines Daches beeinträchtigen oder Ziegel lösen, sodass es besser ist, die Besiedlung der Dachfläche selbst zu initiieren und zu kontrollieren. Zu diesem Zweck sind Dachbegrünungen entwickelt worden, die beiden gerecht werden: dem Menschen, der ein dichtes Dach auf dem Gebäude haben möchte, und den Pflanzen, die eine geeignete Unterlage mit genügend Halt, Nährstoffen und Wasser benötigen. Handelt es sich um heimische Pflanzenarten, finden sich bald auch Tiere ein, um vom Nahrungsangebot zu profitieren.

Tipp *Viele Menschen träumen vom eigenen begrünten Dach. Wem es dabei nicht nur um den optischen Effekt, sondern auch um den ökologischen Nutzen geht, muss zwischen den verschiedenen Begrünungsformen unterscheiden. Hier entscheiden nicht nur die Aufbauhöhe des Substrates, was auf dem Dach wächst, sondern auch die Artenauswahl beim Bepflanzen und die Eingriffe durch die Pflege (mehr dazu ab Seite 27).*

Wertvolle Magerstandorte

Naturnah begrünte Dächer ähneln weniger den üblichen Beeten in Gärten als vielmehr natürlichen Magerstandorten, wie sie in unseren Breiten immer seltener werden. Diese kommen z. B. im Hochgebirge in Form von Geröllhalden vor, im Mittelgebirge als Trockenrasen, in der Ebene als Düne oder Sandrasen. Auch Eingriffe des Menschen haben magere Standorte entstehen lassen, so z. B. in Kiesabbaugebieten, Steinbrüchen und verschiedene Heidearten. Trockene und nährstoffarme Standorte (Ruderalflächen) entstehen auch heute jeden Tag durch Abtragen des Oberbodens oder Einbringen von Schotter und Splitt an Wegrändern und neben gepflasterten Plätzen.

Im Allgemeinen verschwinden magere Standorte aber immer mehr und mit ihnen die daran angepassten Pflanzen- und Tierarten. Die Gründe dafür sind in der Hauptsache der ständige Nährstoffeintrag durch Luft und Regen in Form von Stickoxiden und die Düngung von landwirtschaftlichen Flächen, die intensive Beweidung magerer Wiesen durch Pferde und Rinder, die Verkotung von Wegrändern durch Hunde, aber auch das Verfüllen von Magerstandorten mit Erdaushub.

Magerstandorte sind ökologisch sehr wertvoll, hier finden viele unterschiedliche Tier- und Pflanzenarten ein Zuhause. Die Flächen blühen oftmals wesentlich länger und bieten damit Insekten vom Frühjahr bis Spätsommer Nahrung. Wer einmal eine ungedüngte Almwiese mit ihren vielen verschiedenen Gräsern und Blumen mit einer gedüngten Löwenzahnwiese vergleicht, kann den Unterschied leicht erkennen. Je artenreicher ein Biotop an Pflanzen ist, desto mehr Tierarten können hier auch leben. Nährstoffarmut führt daher häufig zu großer Artenvielfalt, ein großes Nährstoffangebot zu Artenarmut.

Mit der naturnahen Dachbegrünung können wir Pflanzen magerer Standorte neue Lebensräume schaffen. Viele fliegende Insekten wie Wildbienen oder Schmetterlinge werden die blühenden Pflanzen besuchen, andere lassen sich auf das Dach verfrachten, so z. B. die Schnirkelschnecken. Wem es auf dem Dach gefällt, der bleibt, und so kann sich ein naturnah begrüntes Dach nach einigen Jahren zu einer kleinen funktionierenden Lebensgemeinschaft entwickeln, die den Namen Biotop eher verdient, als so mancher Gartenteich.

Welche Tiere besuchen das grüne Dach?

Viele Tagfalter können hier erwartet werden, wenn das Nahrungsangebot stimmt. Admiral, Bläuling, Tagpfauenauge, Kleiner Fuchs, Schachbrettfalter, Dickkopffalter, Kohlweißling und Schwalbenschwanz sind hier bei der Nektarsuche schon beobachtet worden. Aber auch viele andere Insekten wie Hummeln, Wild- und Honigbienen, Schwebfliegen, Libellen, Marienkäfer oder Heuschrecken suchen hier Nahrung.
Auch vielen Vögeln, z. B. dem Gartenrotschwanz, hat ein grünes Dach viel zu bieten: Sie finden hier Nistmaterial und reichlich Nahrung für ihren Nachwuchs.

Prima Klima

Durch die Verdunstung der Blätter sowie die Staubbindung haben begrünte Dächer einen positiven Einfluss auf die Luftqualität der näheren Umgebung. So tragen Dachbegrünungen ganz entscheidend zur Verbesserung des Stadtklimas bei, denn das schlechte Klima unserer Städte ist auch auf die zu wenigen und/oder zu kleinen Grünflächen zurückzuführen. Die großen Blattoberflächen der Pflanzen binden eine Menge Staub aus der Umgebungsluft. Mit dem nächsten Regen wird dieser dann abgespült und dient der Dachvegetation als Nahrung. Zudem verhindern Gründächer im Sommer auch auf andere Weise, dass viel Staub in der Luft herumwirbelt: Über nackten Dächern, deren Oberflächen sich stark aufheizen, entstehen Thermiken, die den Staub tagsüber in die Luft wirbeln und dort halten. Grüne Dächer sind dagegen kühl und lassen keine Thermiken entstehen. So ist die Luft über einem begrünten Dach im Sommer kühler, feuchter und staubärmer. Begrünte Dächer verbessern durch Bindung von Staub und Pollen die Luft erheblich. Aber auch das Mikroklima enger Höfe verändert sich zum Wohle der Hausbewohner, wenn Dächer und auch Fassaden begrünt werden.

Begrünte Dachflächen mindern und verzögern zudem den Regenabfluss, ein ganz wichtiger Effekt, wenn man an die Überlastung der

Kanalsysteme nach großen Niederschlägen bis zu den Überschwemmungsgefahren am Unterlauf größerer Fließgewässer denkt.

Bei begrünten Dachflächen wird der Wasserabfluss erheblich verzögert, da die Dachsubstrate ein hohes Wasserspeicher- und Haltevermögen haben. Nur bei heftigem und lang anhaltendem Regen gelangt das Wasser in die Entwässerungssysteme. Ein Großteil des Niederschlagwassers, etwa 70 Prozent, wird von den Pflanzen aufgenommen, verzögert freigegeben oder durch Verdunstung wieder abgegeben. Die Verdunstung bewirkt außerdem eine Abkühlung der Luft.

Mensch und Natur haben aber noch mehr Vorteile davon: Pflanzen sind nicht nur Luftbefeuchter, Temperaturregulatoren, Sauerstoffproduzenten, Staubfänger, Schalldämmer und Nahrung für Tiere, sie werten ein Dach auch optisch auf. Gerade Nebengebäude wie Carports oder Gartenhäuser können zu echten Schmuckstücken werden.

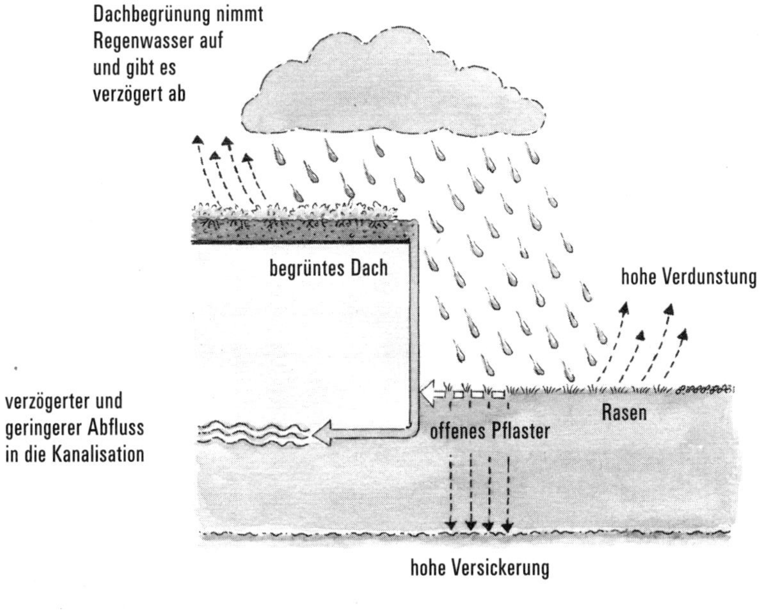

Begrünte Dächer schaffen einen Ausgleich für versiegelte Flächen. Niederschläge werden verzögert abgegeben, die Kanalisationen entlastet.

Tipp *Extensive und naturnahe Begrünungen von Dächern sind in der Regel auf Wohn- und Nebengebäuden genehmigungsfrei. Sie können eine naturnahe Begrünung als Ausgleichmaßnahme für ein Bauvorhaben einsetzen und außerdem Ihre Abwassergebühren damit mindern. Denn wer etwas für die Umwelt tut, wird von manchen Kommunen unterstützt und oft auch finanziell belohnt. In Deutschland werden in vielen Gemeinden die Abwassergebühren gesplittet und je nach Versiegelungsgrad berechnet.* *(Mehr dazu auf Seite 20.)*

Extreme Standorte

Ein begrüntes Dach bringt viel Vorteile – wenn der Aufbau und die Pflanzenwahl zum Standort passen. Schauen wir uns unterschiedliche Dächer genauer an, erkennen wir leicht, dass sie auch ganz unterschiedliche Voraussetzungen für eine Bepflanzung bieten.

Das Klima in Ihrer Wohngegend und die mikroklimatischen Besonderheiten in Ihrem Garten kennen Sie wahrscheinlich recht gut. Doch auf dem Dach Ihres Nebengebäudes herrschen ganz andere Bedingungen als in den Gartenbeeten. Neben den Klimafaktoren wie Sonneneinstrahlung, Windverhältnisse und Niederschlag gilt es auch noch die Beschattung durch andere Gebäude oder Bäume und die Dachneigung zu bedenken. (Was an technischen Voraussetzungen zu beachten ist, wenn man ein Dach begrünen möchte, erfahren Sie ab Seite 41.)

Im Folgenden sollen zunächst die wichtigsten Standortfaktoren erklärt werden, die unsere Substratwahl und Pflanzenzusammensetzung bestimmen. Wer ein Nebengebäude erst noch bauen möchte, hat mit diesen Grundlagen das Wissen zur Hand, um den optimalen Standort für ein begrüntes Dach vorzubereiten. So lassen sich Probleme bei der Dachbegrünung von vornherein vermeiden. Steht die Garage oder das Gartenhaus schon, erfahren Sie auf den nächsten Seiten, worauf es bei der Auswahl der Bepflanzung ankommt und wo mögliche Schwachstellen liegen könnten.

Vorteile begrünter Dächer

- Optik: Grüne Dächer sehen einfach schöner aus als blanker Kies oder graue Pappe. Sie verändern ihr Aussehen im Jahreslauf und erlauben neue Einblicke in Flora und Fauna.
- Lebensraum für Pflanzen: Magere Standorte sind selten geworden. Viele Wildpflanzen finden hier neue Lebensräume.
- Nahrung für Insekten: Heimische Vegetation bietet Nektar und Pollen für Wildbienen und Schmetterlinge, die wiederum andere Tiere ernähren.
- Schutz der Dachhaut: Dachbegrünung schützt vor UV-Licht, das die Dachhaut spröde macht, und vor großen Temperaturschwankungen im Sommer und Winter, die zu Spannungsrissen führen.
- Brandschutz: Das Dachsubstrat kann im Gegensatz zu Bitumenbahnen (Dachpappen) nicht brennen.
- Wärmedämmung: Gebäude haben 15 bis 20 Prozent geringere Wärmeverluste (bei einer Substratschichtdicke von 10 bis 15 Zentimetern und mit Vegetation).
- Hitzeschutz: Ein Teil der Sonneneinstrahlung wird abgehalten, zusätzlich wird die Luft durch die Verdunstung über die Pflanzenoberflächen abgekühlt. Garage oder Schuppen heizen sich im Sommer weniger auf.
- Wasserrückhaltefähigkeit: Gründächer können bis zu 90 Liter Niederschlag pro Quadratmeter (bei 20 Zentimeter Substrat) zurückhalten. Bei Substrathöhen von mindestens 10 Zentimetern fließen nur 30 Prozent der Niederschläge direkt in die Entwässerungssysteme. Die Kanalisation wird deutlich entlastet.
- Staubminderung: Die Thermik über nackten Dächern wirbelt viel Staub auf, begrünte Dächer verhindern das. Vegetation mit viel Blattoberfläche bindet Staub, Pollen und Schadstoffe aus der Luft.
- Klimaverbesserung: Staubbindung und kühlende Wirkung sorgen für besseres Kleinklima in der näheren Umgebung.
- Schallschutz: Bei 12 Zentimeter Substrat wird Schall um bis zu 40 Dezibel (dB), bei 20 Zentimeter Substrat um bis zu 46 dB gemindert.

Sonne, Hitze, Trockenheit

In welche Himmelsrichtung ein Dach zeigt und wie sehr es daher von der Sonne beschienen wird, lässt sich mit dem Kompass oder Grundstücksplan leicht ermitteln. Bei Satteldächern müssen beide Dachhälften getrennt betrachtet und je nach Ausrichtung gegebenenfalls auch ganz unterschiedlich bepflanzt werden (siehe Seite 118 und 120). Ebenso müssen der Schattenwurf von anderen Gebäuden und der Schatten sowie Laubfall umstehender Bäume berücksichtigt werden.

Im Zweifelsfall hilft es, etwas Zeit zu investieren und sich die Beschattung der Fläche von April bis Oktober anzuschauen und eine Skizze der verschatteten Dachteile zu machen. Wenn dann noch die Dauer der Sonnenbestrahlung in Stunden notiert wird, bekommt man eine objektive Grundlage für die spätere Pflanzenwahl: Wird das Dach von April bis September mindestens 6 Stunden am Tag von der Sonne verwöhnt, liegt es in der Sonne. Halbschatten liegt bei 3 bis 4 Sonnenstunden am Tag vor. Sind es weniger als 3 Stunden Sonne, liegt die Dachfläche im Schatten.

Auch die Dachneigung wirkt sich deutlich auf die Sonneneinstrahlung und den Aufbau des Gründaches aus: Der maximale Einstrahlungswinkel der Sonne im Sommer entspricht in unseren Breiten etwa 60 Grad auf einer waagerechten Fläche. Bei 20 Grad Dachneigung ergibt sich dann von Süden ein Einstrahlungswinkel von 80 Grad, bei einem 30 Grad geneigten Dach von 90 Grad, was bereits den Strahlungsverhältnissen am Äquator entspricht.

Bei Dachneigungen über 30 Grad wird der Sonneneinstrahlungswinkel im Sommer wieder kleiner, im Winter, wenn die Sonne niedriger steht, aber relativ größer. Steile Dächer sind damit ungewöhnlich hohen Temperaturbelastungen ausgesetzt, wie sie sonst nur an Hängen und Felswänden vorkommen.

Für die Pflanzen ist jedoch auch die mittlere Sonnenscheindauer wichtig, die sich aus der Himmelsrichtung ergibt, sodass ein steiles, nach Norden zeigendes Dach weniger Strahlungsintensität erfährt als ein flach geneigtes, nach Süden ausgerichtetes Dach.

In der Praxis können kurzfristige Extremwerte, die die Toleranzschwellen einzelner Arten überschreiten, genügen, um Teile oder gar die gesamte Vegetation zusammenbrechen lassen.

Tipp *Nackte Dächer und andere nicht begrünte Gebäudeteile sind durch die unterschiedlich starke Sonneneinstrahlung extrem belastet. So können Spannungsrisse an Gartenhäusern oder Garagen entstehen, weil die eine Gebäudehälfte der Sonne ausgesetzt ist und sich stark aufheizt, während die andere im kühlen Schatten liegt. Eine Begrünung von Dach und Fassade mindert die Temperaturdifferenzen erheblich und schützt so das Gebäude.*

Wind und Kälte

Ein weiterer oft unterschätzter Standortfaktor ist der Wind. Mit zunehmender Höhe über dem Boden ist die Vegetation stärkeren Winden ausgesetzt. Diese erhöhen zum einen die Verdunstung über Blätter und Boden, zum anderen müssen sich die Pflanzen besser verankern. Inmitten einer Bebauung kommen zum üblichen Wind noch Böen und Verwirbelungen hinzu, die durch verengte Windgassen und andere Strömungsbedingungen verursacht werden können. Somit brauchen Pflanzen »in luftigen Höhen« deutlich mehr Wasser und genügsame Pflanzenarten sind klar im Vorteil.

Ganz anders als bei Beeten, in denen die Erde von tieferen Bodenschichten und einem aktiven Bodenleben erwärmt wird, kühlt das Substrat eines Gründachs im Herbst rasch aus. Denn ein begrüntes Dach gleicht eher einer sehr flachen Kübelbepflanzung, in der das Pflanzsubstrat im Herbst von unten stark auskühlt und im Winter vollständig durchfriert. Diese Bedingungen vertragen nur wenige Pflanzenarten. Scheint dann bei Frost auch noch die Sonne, ist das ein erhöhter Trockenstress für die Dachpflanzen. Denn im Gegensatz zu einem bepflanzten Kübel kann man das Gründach weder von unten noch von oben vor Frost schützen.

Bei richtiger Pflanzenwahl kann jedoch auch größte Kälte den Pflanzen nicht schaden. In unseren Breiten leiden sie eher unter dem ständigen Wechsel von feuchtem, mildem und kaltem Wetter, das die Wurzeln faulen lässt, wenn ein schlecht gewähltes Substrat im Winter zu nass bleibt.

Regen und Schnee

Wie viel Wasser auf dem Dach ankommt, ist nicht nur eine Frage der Niederschlagsmenge in Ihrer Gegend. Es hängt auch von der Dachneigung ab sowie von der Exposition und den vorherrschenden Winden, die den Regen bringen. So bekommt eine steile, nach Westen orientierte Dachhälfte in unseren Breiten wesentlich mehr Regen ab als die andere, nach Osten zeigende Seite.

Doch für die Pflanzen ist letztlich entscheidend, wie viel Wasser an ihren Wurzeln ankommt und wie lange es dort zum Aufsaugen zur Verfügung steht. Allgemein gilt: Je steiler das Dach, umso weniger Wasser können die Pflanzen nutzen.

Eine Orientierung bietet der Abflussbeiwert: Bei einem nicht begrünten, hart gedeckten Dach ist der Abflussbeiwert 1,0. Es wird davon ausgegangen, dass 100 Prozent des anfallenden Regens direkt in die Kanalisation abfließen.

Begrünte flache und flach geneigte Dächer werden meist mit dem Faktor 0,3 angesetzt, sofern die Aufbaudicke des Substrates mindestens 10 Zentimeter beträgt. Hier fließen demnach nur 30 Prozent des anfallenden Regens direkt in die Regenrinne, 70 Prozent der Niederschläge werden vom Substrat und von der Vegetation zurückgehalten und über die Pflanzen verdunstet oder zeitverzögert abgegeben. Der Abflussbeiwert für begrünte steile Dächer wird von den Behörden meist mit 0,5 angesetzt, das heißt, die Hälfte des Regenwassers verbleibt auf dem Dach und wird von Substrat und Pflanzen gespeichert.

Ein weiterer wichtiger Standortfaktor ist der Schnee im Winter. Er hat eine wärmedämmende Wirkung auf die Pflanzen, ähnlich der eines dicken Vlieses. Kalte Winde streichen darüber, bei Sonnenschein wird die Verdunstung aus Blättern und Substrat begrenzt und bei Frösten in der Nacht die Wärmeabstrahlung vermindert.

Steht ein Gebäude in einer schneereichen Gegend, ist dies daher kein Grund, auf eine Dachbegrünung zu verzichten. Doch muss bei der Berechnung der Dachlasten (siehe Seite 47) die Schneelast mitberücksichtigt werden, zumal hier der Schnee nicht so ohne Weiteres abrutscht und man ein begrüntes Dach im Notfall nicht von Hand räumen kann, ohne dabei die Vegetation zu beschädigen.

Wie wird der Abflussbeiwert bestimmt?

Jedes Dach ist eine Entwässerungsfläche, auf die Niederschläge auftreffen, die wieder abgeführt werden müssen. Dieses Wasser gelangt in den öffentlichen Kanal (und kostet Abwassergebühr), wenn es nicht im Erdreich versickert oder in einen Teich oder eine Zisterne geleitet und im Garten verwendet wird.
Versiegelte und überbaute Flächen auf Privatgrundstücken werden zur Berechnung der Abwassergebühren mit dem Abflussbeiwert multipliziert. Dabei wird unterschieden, wie viel und wie schnell Niederschlag tatsächlich in die öffentliche Kanalisation abfließt.
Bei der Berechnung des Wertes gehen bei nackten Dächern die Dachneigung und die Rauigkeit der Dachoberfläche ein. Bei begrünten Dächern wird der Faktor für die Rauigkeit in der Formel durch die Dicke und Wasserspeicherfähigkeit des Substrates ersetzt. Zusätzlich können spezielle Matten, Wabenkonstruktionen, Schubschwellen und das Vlies unter dem Substrat den Abfluss verzögern.

Geeignete Dachsubstrate

Dachpflanzen benötigen den künstlichen Boden (das Substrat) nicht nur als Wasser- und Nährstofflieferant, sondern auch, um sich daran festzuhalten. Bei steilen Dächern müssen die Pflanzen zudem mit ihren Wurzeln den Boden selbst stabilisieren, damit er ihnen nicht wegrutscht.

Vom Garten wissen Sie, dass die Zusammensetzung des Bodens einen erheblichen Einfluss auf das Pflanzenwachstum hat. Manchmal nehmen wir ihn so hin, wie er ist, an anderen Stellen bearbeiten wir ihn, lockern, geben Kompost, mulchen und wässern.

Auf einem Dach kann man auch warten, dass sich ein Boden bildet und schauen, was dann von selbst wächst. Doch das kann lange dauern, sodass wir lieber nachhelfen und den gewünschten Pflanzen einen optimalen Boden bereiten.

Eine dauerhafte Besiedlung gelingt am besten mit Pflanzen, die an eine knappe Nährstoffversorgung angepasst sind. Denn man wird nicht zweimal im Jahr hinaufsteigen wollen, um zu düngen, wie es im Garten

möglich ist. Auch eine Mulchschicht aus organischem Material scheidet aus. So muss hier die Bepflanzung über viele Jahre mit dem gleichen mageren Boden auskommen. Das halten nur Spezialisten magerer Standorte auf Dauer aus.

Ein anderes Problem ist saurer Regen, der das Substrat auf Dauer sauer macht. Doch die meisten Pflanzen magerer Standorte lieben eher kalkhaltige Böden mit höherem ph-Wert. Nur Spezialsubstrate für Dachbegrünungen oder eine Mulchdecke aus Kalksplitt können den sauren Regen über viele Jahre hinweg abpuffern.

Insgesamt werden an ein Dachsubstrat eine Menge Anforderungen gestellt, die auf 5 bis 25 Zentimeter Höhe alle erfüllt sein wollen. Normaler Gartenboden ist daher für alle, selbst für intensive Formen der Dachbegrünungen, denkbar ungeeignet. Man muss hier immer auf Spezialmischungen zurückgreifen, die lange getestet wurden. Denn bei geringer Schichtdicke muss das Substrat all das leisten, was beim gewöhnlichen Bodenaufbau in einer Schichtdicke von einem halben Meter bis mehreren Metern stattfindet.

Wer glaubt, eine eigene Erdmischung geht auch, kann böse Überraschungen erleben. Nur wer auf Jahrzehnte lang erprobte Substratmischungen zurückgreift, ist bezüglich Dachlast, Wasserhaltefähigkeit, Entwässerung, Durchwurzelung und Strukturstabilität auf der sicheren Seite und schafft so die Voraussetzungen für eine gelungene und dauerhafte Dachbegrünung.

Es ist zwar sicherlich umweltfreundlicher, das Dachsubstrat vor Ort zu besorgen und zu mischen, doch es ist sicherer, auf geprüfte Substrate zurückzugreifen, auch wenn diese längere Transportwege nötig machen (einen Überblick über verschiedene Substrate gibt die Tabelle auf Seite 24).

Eigenschaften der Dachsubstrate

Dachsubstrate sind immer leichter als übliche Erden, damit man möglichst dicke Schichten aufbringen kann. Doch sie haben auch noch andere Eigenschaften, die sie vom üblichen Gartenboden unterscheiden: Die vorwiegend mineralischen Substratteilchen können mehr Wasser aufnehmen und länger speichern als die Bestandteile der Gartenerde. Sie sind auch leichter wieder benetzbar, wenn sie völlig ausgetrocknet waren. Außerdem kommen sie im wassergesättigten Zustand nicht so schnell zum Abrutschen (»fließen«) wie normale Böden. Sie zerfallen bei Trockenheit und Frost nicht, bei Feuchtigkeit werden sie nicht zu Humus, sie sind also strukturstabil. Auf der anderen Seite enthalten sie nur wenige organische Nährstoffe.

Als Ausgangsmaterialen werden meist mineralische Schüttstoffe wie Blähton, Blähschiefer, Bims oder ungewaschener Sand verwendet. Je nach Bepflanzungsart werden organische Stoffe wie Rindenhumus oder Grünkompost in unterschiedlichen Anteilen untergemischt.

Steile Dächer – Rutschgefahr

Bei der Substratwahl ist immer auch die vorhandene Dachneigung zu berücksichtigen. Da es sich bei den geeigneten Materialien um Schüttstoffe handelt, die keine oder nur wenige bindende Bodenanteile enthalten, ist die Gefahr des Abrutschens bei Neigungen ab 10 Grad wahrscheinlich, über 15 Grad generell gegeben. Die Rutschgefahr ist direkt nach dem Einbau des Substrates am größten, die Wurzeln einer eingewachsenen Pflanzendecke mindern sie später ganz erheblich. Auch starker Wind, Regen und Frost können zum Abrutschen des Substrates führen.

Wasserfeste Dachfolien, die unter dem Substrat liegen, sind sehr glatt, sodass immer ein aufgelegtes Vlies notwendig ist, um ein Abrutschen zu verhindern und den Pflanzen zusätzlich Halt zu geben. Ab Dachneigungen über 10 Grad sorgen aber weder Vliese noch später die Pflanzenwurzeln für ausreichende Rutschsicherung. Hier müssen spezielle Krallmatten (Vliese mit einem Schlaufengewebe, siehe Seite 57) oder Schubschwellen zum Einsatz kommen (siehe Seite 75).

Fertige Dachsubstrate bekommt man in speziellen Mischungen, die aus 70 bis 90 (Volumen-)Prozent mineralischem Schüttgut und 10 bis 30 (Volumen-)Prozent Humus bestehen.

Viele Gartenbauer und auch wir bevorzugen eine Fertigmischung aus Lava und Bims aus der Eifel, deren Grundstoffe vulkanischen Ursprungs sind und relativ umweltschonend, ohne großen Energieaufwand abgebaut, gereinigt und gemischt werden. Blähton und Ziegelsplitt werden dagegen unter hohem Energieaufwand erzeugt und haben nach unseren Erfahrungen nicht die gleichen Eigenschaften. Sie sind zwar etwas leichter, doch ist die Durchwurzelung bei den Lava-Bims-Gemischen besser.

Gewichte verschiedener wassergesättigter Dachsubstrate *

Substrate (Korngröße)	Gewicht pro 1 cm Schichtdicke, wassergesättigt (kg/m²)
Bims, gereinigt (1/12 mm)	7 – 8
Bims, ungereinigt (1/12 mm)	11 – 12
Lava (1/12 mm)	11 – 13
Ziegelbruch (1/12 mm)	10 – 13
Lava-Bims-Gemische	13 – 16
Lava-Gemische mit 10 % Kompost-Anteil	15 – 18
Ziegelbruch-Bims-Gemische	15 – 18
Blähton (1/8 mm), Blähschiefer (1/11 mm)	7 – 8
Blähton- bzw. Blähschiefer-Gemische	10 – 13
Rindenhumus- und Kompostgemische mit mineralischen Zuschlagstoffen	11 – 12
Sand- und Bodengemische mit mineralischen bzw. organischen Zuschlagstoffen	16 – 18

*(nach FLL, Forschungsgesellschaft Landschaftsentwicklung Landschaftsbau e. V.)

Was bei der Substratwahl zu beachten ist

- **Substratdicke:** Je dicker die Substratschicht ist, desto höher sind die Wasserspeicherfähigkeit und Durchwurzelung sowie die Nährstoffversorgung der Pflanzen.
- **Niederschlagsmenge:** Je weniger Regen (besonders im Sommer) fällt, desto besser muss die Wasserspeicherfähigkeit des Substrates sein; bei viel Regen muss das Wasser abgeleitet werden.
- **Windexposition:** Hier sind Gebäudehöhe und der Standort wichtig. Je mehr Wind weht, desto stärker ist die Verdunstung bei Substrat und Pflanzen. An windexponierten Ecken kann das Substrat wegfliegen.
- **Himmelsrichtung** und **Verschattung:** Südexpositionen führen zu schnellerer Austrocknung des künstlichen Bodens; Nordexpositionen lassen höheren Aufwuchs und Humusbildung zu.

Selbst gemischte Substrate

Wer über einen leichten, strukturstabilen, schadstoff- und samenfreien Unterboden verfügt und zudem risikofreudig ist, kann auch mit eigenen Mischungen experimentieren. Doch sollte man vorher unbedingt das Gewicht der Mischung im wassergesättigten Zustand ermitteln, denn bei selbst gemischten Substraten kommt man leicht auf das 1,5- bis 2-fache Gewicht wie bei Fertigsubstraten.

Bei kleinen Flachdächern ohne Lastgrenzen, z. B. dem Dach eines Mülltonnenhäuschen (siehe Seite 125), ist es sicherlich sinnvoll, eine eigene Mischung herzustellen.

Sandige Ausgangsböden kann man mit etwas Bentonit (Tonmineral) anreichern, damit sie das Wasser besser speichern. Lehmiger Unterboden muss mit Sand, Porotonkügelchen, Ziegelsplitt oder Ähnlichem im Verhältnis 1:1 abgemagert werden. Diese Materialien gibt es auch in kleinen Mengen im Baumarkt. Bei kleineren sonnigen Flachdächern kann auch auf Spezialerden für Kakteen zurückgegriffen werden.

Für den benötigten Humusanteil von 10 bis 30 Prozent sollte man immer fertige, nach RAL zertifizierte Komposte oder Rindenhumus verwenden. Nur sie garantieren, dass keine unerwünschten Samen darin enthalten sind. Oder man mischt etwas torffreie Fertigerde unter die mineralischen Substratbestandteile.

Dächer mit größerem Gefälle sollte man niemals mit eigenen Mischungen bedecken, denn hier ist die Abrutschgefahr unkalkulierbar.

Ein-, zwei- oder mehrschichtiger Substrateinbau?

Mit geeigneten Substraten lassen sich die meisten extensiven und naturnahen Dachbegrünungen in einschichtiger Bauweise ausführen. Hier übernimmt das Substrat alle Funktionen, die eine geeignete Unterlage erfüllen muss, auf einmal: die Dränage, um überflüssiges Wasser abzuleiten, den Wasserspeicher, um das Wasser möglichst schnell aufzunehmen und anschließend den Wurzeln möglichst lange zur Verfügung zu stellen, und den Wurzelgrund, an dem sich die Pflanzen festhalten können.

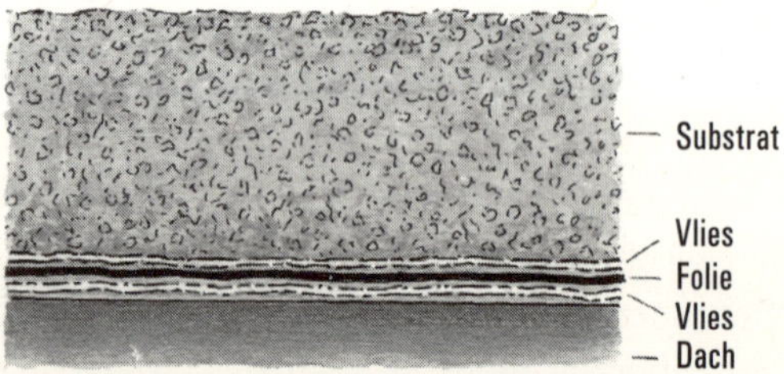

Diese Bauweise heißt einschichtig, weil nur eine Substratschicht verwendet wird. Der Aufbau besteht (von unten nach oben) aus der Dachkonstruktion (Beton, Holz), einem Schutzvlies darüber, einer Folie als Nässe- und Wurzelschutz, einem Schutzvlies über der Folie sowie dem geschütteten Dachsubstrat.

Bei der zweischichtigen Bauweise wird auf der gesamten Fläche zunächst eine Dränageschicht eingebaut, mit einem Trennvlies abgedeckt und dann das Substrat aufgebracht (Abbildung siehe Seite 62).

Ein solcher Aufbau ist auf einem Nebengebäude nur nötig, wenn das Dach kein Gefälle hat und sehr uneben ist, sodass sich in Gegenden mit viel Niederschlag in großen Senken Pfützen bilden.

Mehrschichtige Bauweisen mit speziellen Dränageplatten, die für intensive Begrünungen verwendet werden, kommen wesentlich teurer als geschüttete Dränagen. Manche Konstruktionen zur Entwässerung sehen aus wie Eierkartons und dienen gleichzeitig auch als Wasserspeicher für Pflanzen mit hohem Wasserbedarf. Für die von uns empfohlenen Begrünungen sind diese Plastikkonstruktionen nicht nötig. Sie können in unseren Breiten sogar schädlich für eine naturnahe Begrünung sein, denn die Pflanzenwurzeln gehen feucht in den Winter, in dem die Wurzeln sehr anfällig für Fäulnis sind.

Verschiedene Begrünungsformen

Der ökologische Wert und die Dauerhaftigkeit einer Dachbepflanzung hängen neben einer fachgerechten technischen Ausführung und dem Substrat auch von der richtigen Pflanzenauswahl ab. Bevor man sich an die Begrünung wagt, muss man wissen, welche Begrünungsform man gerne möchte und welche aufgrund von technischen Voraussetzungen gewählt werden kann. Gibt es keine Einschränkungen, z. B. bei der zulässigen Dachlast, kann man, wie bei der Gartenanlage auch, andere Kriterien bei der Pflanzenwahl in den Vordergrund stellen. Das können z. B. die Blütenfarbe, der Blühzeitpunkt oder der Wert für Insekten sein. Doch sollte man auch immer die Folgen der Pflanzenwahl bedenken, besonders deren Endgrößen und die notwendige Pflanzenpflege, die umso größer ist, je weniger standortgerecht die Pflanzenwahl ausfällt.

Tipp *Die größte Einschränkung für die freie Pflanzenwahl ist meist die zulässige Dachlast bzw. das Gewicht, das ein vorhandenes Dach zu tragen imstande ist (siehe Seite 47). Falls das zu begrünende Gebäude schon vorhanden ist, sollten Sie zunächst die zulässige Dachlast ermitteln. Wollen Sie das Nebengebäude erst noch bauen, können Sie sich erst für die Begrünungsform entscheiden und dann die Statik an die anfallenden Dachlasten anpassen.*

Wie die Bepflanzungen natürlicher Magerstandorte sein können, zeigen uns die Besiedlungen von Felsen, denen ein Dach am ehesten gleicht. Raue Dachpappen, Faserzementplatten und Tonziegel werden spontan erst von Algen, dann von Flechten und Moosen besiedelt. Deren Polster dienen einige Zeit später anderen Pflanzen als Wurzelgrund. Jede Unebenheit hält vom Wind angewehte Bodenteilchen fest, sodass sich die besiedelbare Substratauflage von selbst erhöht. Auf flachen Kiesdächern können sich dauerhafte Pflanzengesellschaften ansiedeln, die selbst Gehölze wie Birken einschließen. Doch auch Tiere, z. B. Vögel, tragen zur Verbreitung von Samen auf Dächer bei und düngen die Pflanzen mit ihren Ausscheidungen.

Ist das Dach steiler, haben nur die Pionierpflanzen Algen, Flechten und Moose eine Chance, da sie am besten mit den schwierigen klimatischen Verhältnissen zurechtkommen. Sie bilden hier stabile Gemeinschaften, in denen sich auch mikroskopisch kleine Tierchen (z. B. Bärtierchen) tummeln, die, ebenso wie die Pflanzen, lange Trockenperioden überstehen können.

Gräser auf dem Dach

Norwegische Grasdächer, deren Pflege dort zwar relativ einfach ist, also keinen oder nur wenig Aufwand erfordert, gehören hierzulande zu den Intensivbegrünungen. Die Substratschichten sind über 30 Zentimeter hoch, bestehen aus guter Erde und sind sehr nährstoffhaltig. Wollte man sie in unseren Breiten, wo etwa nur halb so viel Niederschlag im Jahr anfällt, zum Vorbild nehmen, wäre zusätzlich eine intensive Bewässerung oder aufwendige Wasserspeicherung erforderlich. Die Grasdächer müssen außerdem regelmäßig gemäht oder (wie in Norwegen) von Tieren abgeweidet werden.

Was in unseren Breiten meist fälschlicherweise als Grasdächer bezeichnet wird, sind naturnahe Begrünungsformen mit ausgewählten trockenresistenten Gräsern auf dünner Substratauflage, die kaum Pflege erfordern. Sie haben nichts mit den norwegischen oder isländischen Grasdächern gemein und können auch nicht mit Rollrasen oder üblichem Rasensaatgut hergestellt werden.

Da wir aber das Dach nach eigenen Vorstellungen bepflanzen und nicht jahrelang auf eine natürliche Besiedlung warten wollen, müssen wir Voraussetzungen schaffen, die eine dauerhafte Besiedlung mit Pflanzen ermöglichen.

Extensive Dachbegrünung

Bei einer extensiven Dachbegrünung müssen die Pflanzen mit einer sehr geringen Substratauflage (etwa 5 bis 15 Zentimeter) auskommen. Hier siedeln nur ganz wenige Pflanzenarten, die auch in der Natur nur an Extremstandorten vorkommen. In der Hauptsache sind dies Arten der Gattungen *Sedum* (Fetthenne, Mauerpfeffer) und *Sempervivum* (Hauswurz).

Diese artenarme Begrünungsform auf Spezialsubstrat ist sehr trockenresistent und pflegeleicht. So reicht bei Flachdächern meist ein Kontrollgang im Jahr, um unerwünschte Pflanzen zu entfernen. Gewässert wird nur in den ersten Wochen direkt nach der Bepflanzung und gegebenenfalls in extrem langen trockenen Perioden.

Extensive Begrünungsformen sind leichter herzustellen, wenn man die technischen Voraussetzungen schafft und, ganz wichtig, das ökologische Verständnis für die Bedürfnisse der Pflanzen auf dem Extrem-

Als Lebensraum nur eingeschränkt empfehlenswert

Leider ist eine Extensivbegrünung als ökologischer Ausgleich häufig nicht mehr als ein Feigenblatt, denn die eintönigen »*Sempervivum*-Wüsten« nützen der Tierwelt nicht viel. Nach einer kurzen spektakulären Blüte mit Nektarangebot im Mai und Juni bieten die grünen Teppiche für den Rest des Jahres weder Nahrung noch Unterschlupf für Tiere. Wenn es die Dachlasten, z. B. über den Wänden des Gebäudes, zulassen, kann man hier das Substrat etwas höher aufschütten, mit etwas Kompost anreichern und zusätzlich mit später blühenden heimischen Arten bepflanzen. Kleine Steinhaufen bieten veränderte mikroklimatische Bedingungen, gerollte Schilfmatten in Tonröhren Nistplätze für Wildbienen.

standort Dach mitbringt. Hier wachsen die Pflanzen auf wenig Substrat, ihre Wasserversorgung ist deshalb stark eingeschränkt. Pflanzen trockener Standorte haben in der Regel auch nur wenige Nährstoffe zur Verfügung. Der Vorteil einer Begrünung mit Pflanzen trockener und magerer Standorte besteht darin, dass diese nur wenig wachsen und deshalb auch nicht geschnitten werden müssen. Der Begriff extensiv steht also hier als Gegensatz zu intensiv und meint sowohl Aufbaustärke und Nährstoffgehalt des Substrates als auch Wasserbedarf und die Pflege der Begrünung.

Intensive Dachbegrünung

Intensiv wird eine Dachbegrünung genannt, wenn die Substratschicht relativ dick (mindestens 25 Zentimeter) und nährstoffreich ist. Hier können Pflanzen, die viel Wasser, Dünger und regelmäßig fachgerechte Pflege benötigen, gedeihen.

Für die anspruchsvollen Pflanzen der Intensivbegrünungen werden unter dem Substrat meist spezielle Aufbausysteme mit Spezialfolien, Matten, Wasserspeicher- und Bewässerungssystemen eingebaut, die den Quadratmeterpreis der Dachbegrünung beträchtlich in die Höhe treiben. Regelmäßige Düngung und Pflege der Pflanzen wie Rückschnitt, Jäten und Mähen erfordern einen hohen Zeitaufwand, weshalb man hier auch eher von Dachgärten spricht.

Wenn eine solche Dachbegrünung mit vielen heimischen Arten gepflanzt wird, ist sie naturnah, besonders, wenn sich die Pflege auf wenige Eingriffe und Störungen beschränkt. Für die Unterhaltung werden allerdings eine Bewässerung und Dünger benötigt. Unter dem Pflanzsubstrat muss viel Kunststoff für ein Wasserspeichersystem verbaut werden. Intensivbegrünungen sind außerdem so schwer, dass die wenigsten Dächer von Nebengebäuden für diese Lasten sowie das regelmäßige Begehen zur Pflege geeignet sind.

Naturnahe Dachbegrünung

Bei naturnahen Dachbegrünungen kann auf technische Hilfsmittel und zusätzliche Wassergaben weitgehend verzichtet werden. Sie sind extensiv in der Pflege, bieten aber dennoch einer Vielzahl heimischer Pflanzenarten geeignete Standorte.

Die Substratschicht, auf der die Pflanzen wurzeln können, ist dicker (etwa 10 bis 25 Zentimeter), die Substratzusammensetzung und die gesamte Dachfläche werden vielfältiger gestaltet als bei der Extensivbegrünung. Tierquartiere werten den Lebensraum Dach zusätzlich auf.

Als Vorbilder dienen artenreiche Pflanzengesellschaften aus der Natur. Naturnahe Dachbegrünungen bieten selten gewordenen Pflanzenarten neuen Lebensraum und den an sie angepassten Insektenarten reichlich Nahrung.

In der Fachliteratur wird die naturnahe Begrünung auch »einfache Intensivbegrünung« genannt, ein irreführender Name, denn die richtige Substrat- und Pflanzenzusammenstellung ist keinesfalls einfach und die Pflege nicht intensiv!

Die Bepflanzungsbeispiele in diesem Buch (ab Seite 87) sind fast ausschließlich naturnahe Begrünungsformen auf speziellem Substrat. Nur dort, wo das Dach sehr steil ist oder die Substratauflage sehr dünn sein muss, wird eine Extensivbegrünung beschrieben.

Bevor wir uns für eine der Begrünungsformen entscheiden, müssen wir aber auch genau wissen, was auf dem Dach technisch möglich ist (siehe Seite 41). Trägt das Dach auch größere Lasten, sind wir bei der Höhe der Substratschicht flexibler, hält es weniger aus, müssen wir sehr genau planen.

Auf naturnah begrünten Dächern finden Schwebfliegen und viele andere Insektenarten neue Lebensräume. Schwebfliegen ahmen Bienen oder Wespen nach, haben aber keine Stachel.

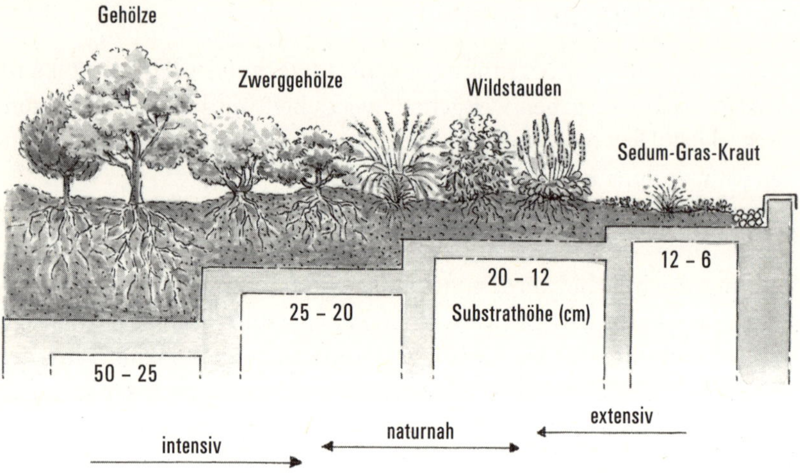

Höhe und Zusammensetzung der Substratschicht sind entscheidend für die Pflanzenvielfalt und erfordern unterschiedliche Lastreserven des Dachs.

Methoden der Dachbegrünung

Haus- und Gartenbesitzer wissen, wie man einen Boden umgräbt, eine Staude pflanzt oder einen Rasen mäht. Doch auf dem Dach ist manches anders als am Boden. Deshalb möchten wir Ihnen neben dem Substrat und den verschiedenen Begrünungsformen zunächst einmal grundsätzlich die verschiedenen Methoden der Pflanzenansiedlung vorstellen, bevor wir uns mit den technischen Details auseinandersetzen. Wie Sie dann Schritt für Schritt vorgehen, erfahren Sie ab Seite 61 und bei den Praxisbeispielen ab Seite 87.

Wie auch im Garten können die Pflanzen auf dem Dach eingesät, als Sprossabschnitte ausgestreut, als Grassoden aufgelegt oder mit Wurzelballen gepflanzt werden. Welche Methode man wählt, ist von verschiedenen Faktoren abhängig: dem Substrat und seiner Dicke, der Möglichkeit, das Dach sicher zu betreten, den Kosten und nicht zuletzt der Fähigkeit verschiedener Pflanzenarten, sich auf diese oder jene Weise am besten auf dem Dach zu etablieren. Da wir aber einen Lebensraum auf dem Dach schaffen wollen, ist für uns der Aspekt der Naturnähe am wichtigsten. Welche Pflanzengesellschaft kann ich mit welcher Methode am besten nachahmen? Wie kann ich eine Begrünungsmethode mit einer anderen kombinieren? Natürlich spielt auch die Ungeduld des Gärtners eine Rolle. Aber auch technische und persönliche Voraussetzungen müssen berücksichtigt werden: Wie kommt man auf das Dach? Wie kann man dort sicher arbeiten?

Kann man das Dach sicher betreten, stehen einem alle Möglichkeiten offen. Kann man es von der Leiter oder vom Gerüst aus mit den Händen erreichen, ist die Begrünung ebenfalls noch gut auszuführen. Kann man ein Dach nicht betreten oder von einer Leiter bzw. einem Gerüst aus nicht erreichen, ist es für eine Begrünung nicht geeignet, da man ja auch die nötige Pflege nicht ausführen kann. Hier hilft nur eine stabilere Neukonstruktion, die entsprechende Lasten tragen kann, um eine Dachbegrünung zu verwirklichen.

Begrünungsformen im Überblick

Begrünungsform	Vorteile	Nachteile	Eignung für Pflanzengesellschaften
Spontanbegrünung zulassen	kostenlos, macht anfangs keine Arbeit	schwer kontrollierbar	Moose, Gräser, Gras-Kraut-Vegetationen
Samenmischungen aussäen	preiswert, einfach auszuführen	Ergebnis zufällig, Keimung dauert sehr lange	Gras-Kraut-Vegetation
Sprossen streuen	relativ preiswert	artenarme Vegetation	nur *Sedum*-Arten
Grassoden auflegen	preiswert, windsicher, Stabilisierung kritischer Stellen	anfangs durch Vertrocknen sehr unansehnlich und artenarm	Gras-Vegetation, später auch Gras-Kraut-Vegetation
Pflanzen mit Topfballen setzen	kann genau geplant und dekorativ gestaltet werden, schnellste Begrünungsform	etwas teurer, Pflanzarbeit etwas mühsamer	artenreiche Pflanzengesellschaften mit Gräsern, Stauden, Blumenzwiebeln und Zwerggehölzen
(Dach-)Moose	für schattige Stellen und nicht belastbare Dächer gut geeignet, preiswert	kann durch Vertrocknen unansehnlich werden	Moose

Samenmischungen aussäen

Saatgut für naturnahe Dachbegrünungen sollte nur von zertifizierten Herstellern bezogen werden (siehe Seite 174). Deren Samenmischungen sind genau auf die unterschiedlichen Bedingungen (Substrathöhe, Besonnung, Klima) abgestimmt und enthalten nur die jeweils geeigneten heimischen Pflanzensamen im richtigen Mischungsverhältnis.

Die benötigte Samenmenge wird vom darauf spezialisierten Hersteller jeweils angegeben, meist sind es zwischen 3 und 8 Gramm pro Quadratmeter. Da Pflanzensamen in Gewicht und Größe stark variieren, kann nur ein Spezialist die richtige Mischung zusammenstellen. Die Unterschiede in Gewicht, Größe und Form der Samen bedingen auch, dass sich das Saatgut beim Transport stark entmischt. Es muss daher vor dem Säen erneut gut gemischt werden, am besten mit einer mehrfachen Menge lehmigem, feuchtem Sand oder Bentonit-Granulat in einem Eimer, denn man verschätzt sich sonst gerne und sät zu viel.

Ist das Dach betretbar, sät man an windstillen Tagen, einmal in Längs- und danach ein zweites Mal in Querrichtung. Wird von einer Leiter aus gesät, wird das Ergebnis anfangs eher zufällig sein, aber die Pflanzen vermehren sich und erobern auch zunächst kahle Stellen.

Nach dem Aussäen sollte man das Dach gut wässern, damit die Samen ins grobkörnige Substrat eingespült werden. Vorher kann man auch eine dünne mineralische Mulchschicht aus Splitt aufbringen, wenn es die Dachlasten zulassen (siehe Seite 47). Oftmals wird auch empfohlen, eine dünne Schicht sterilen Kompostes aufzubringen und dann zu wässern, damit die Samen bessere Keimbedingungen haben. Auch dieser muss bei der ersten Bewässerung gut eingespült werden.

Besonders erfolgreich ist das Keimen und Anwachsen der Saaten, wenn man sie nach der ersten Bewässerung mit einem weißen, dünnen Gemüsevlies abdeckt. Man bekommt es in handlichen Maßen im Baumarkt bzw. in Pflanzenmärkten. Es hat den Vorteil, dass die Samen nicht vom Wind fortgeweht werden, die Feuchtigkeit länger im Boden bleibt und die Keimlinge vor späten bzw. frühen Nachtfrösten geschützt sind. Gegossen bzw. beregnet wird anschließend einfach durch das Vlies hindurch. Auf Flachdächern beschwert man es an den Ecken und gegebenenfalls auch an den Seiten mit Steinen. Die Befestigung auf steilen Dächern kann z. B. mit Dachpappe-Nägeln an den Holzaufkantungen erfolgen. Je nach Witterung bzw. Keimerfolg nimmt man das Vlies nach 2 bis 6 Wochen wieder ab, wenn die Keimlinge fest verwurzelt, aber noch nicht in das Vlies gewachsen sind.

Das Gemüsevlies kann man wunderbar weiterverwenden, z. B. zum Abdecken von Beeten und als Sonnen- bzw. Winterschutz für empfindliche Kübelpflanzen.

Tipp *Zum Säen eignen sich vor allem die Monate April bis Juni und September bis Oktober. Nach der Aussaat gut wässern.*

Pflanzensprossen streuen

Für Extensivbegrünungen gibt es spezielle Sprossenmischungen. Es handelt sich dabei um Teilstücke verschiedener *Sedum*-Arten, aus denen sich wieder komplette Pflanzen entwickeln. Diese Form der ungeschlechtlichen Vermehrung ist bei diesen Pflanzen ganz natürlich und auch auf dem Dach recht erfolgreich, wenn ein guter Bodenkontakt hergestellt wird.

Pro Quadratmeter Dachfläche werden etwa 50 Gramm Sprossen benötigt. Das Verteilen der Sprossen kann mit der Hand von Frühjahr bis Herbst erfolgen. Anschließendes Wässern in den ersten 4 bis 6 Wochen ist auch hier nötig, besonders wenn es trocken und/oder windig ist.

Besser noch ist es, nach dem Sprossenverteilen etwas Kompost aufzustreuen und erst dann zu wässern. So stehen den ersten Wurzeln genügend Nährstoffe zum Weiterwachsen zur Verfügung und die Feuchtigkeit bleibt besser im Boden.

Auch hier hat sich ein dünnes weißes Gemüsevlies zum Abdecken (siehe Seite 80) in den ersten Wochen bewährt. Man kontrolliert es bereits nach 2 Wochen, damit es von den Pflänzchen nicht durchwachsen wird.

Sprossenbegrünungen eignen sich gut für steile Dächer und für Dächer mit geringen Lastreserven in sonniger Lage.

Tipp *Sprossen kann man von April bis September ausbringen.*

Grassoden auflegen

Ein kleines Dach lässt sich auch mit eigenen, ungedüngten, möglichst klee- und löwenzahnfreien Grassoden aus sonnigen Rasenteilen bedecken, die man vor dem Aufstellen der Gartenhütte abgestochen hat.

Die zunächst kurz gemähten Grassoden sticht man in handlichen, etwa 6 Zentimeter dicken Platten mit dem Spaten ab und bewahrt sie an einer schattigen Stelle auf einer Folie auf. Alle 2 bis 3 Tage sollten sie überbraust werden, damit die Wurzeln beim Lagern nicht vertrocknen. Ist das Gartenhaus aufgestellt und das Substrat ausgebracht, legt man die Soden in Querreihen auf das Dachsubstrat. Die verbliebenen Fugen füllt man anschließend mit Substrat auf. Zusätzlich kann man aber auch geeignete Stauden als Initialpflanzung (siehe Seite 111) in die Fugen setzen, damit der Artenreichtum zu Beginn höher ist.

Trotz reichlichem Gießen in den ersten Wochen werden die Grassoden im Sommer braun werden, was aber ganz normal ist. Die Vegetation »baut sich um«, das heißt, die üblichen Rasengräser vertrocknen und an ihre Stelle treten nach und nach andere Pflanzen, die mit den Bedingungen auf dem Dach besser zurechtkommen. Mit einer Initialpflanzung geht das meist schneller und sieht auch besser aus.

Sodenbegrünungen mit Initialpflanzungen eignen sich gut für geneigte Dächer von kleinen Gartenhäusern in Sonne und Halbschatten und gehören zu den naturnahen Bepflanzungen.

Tipp *Grassoden können von März bis September aufgebracht werden, sollten aber direkt nach dem Verlegen intensiv gewässert und weitere 3 bis 4 Wochen ständig feucht gehalten werden, damit die Wurzeln nicht vertrocknen.*

Stauden einpflanzen

Pflanzen mit Wurzelballen direkt auszubringen, ist die beste Methode, ein Dach naturnah und individuell zu gestalten. Hier können die Artenzusammensetzung, die Anzahl der Pflanzen und ihre Gruppierung genau und nach eigenen Gestaltungswünschen vorgenommen werden. Die natürliche Entwicklung wird zwar auch eine gut geplante Bepflanzung verändern, doch ist die Gestaltung auch nach vielen Jahren noch sichtbar, besonders wenn man mit Pflanzengruppen, unterschiedlichen Substratdicken und -mischungen sowie Dekorationselementen wie Mulch und Steinen arbeitet.

Für Dachbegrünungen werden Pflanzen mit spezieller Ballenform wie Kleintopf- oder Flachballen verwendet. Doch selbst diese Ballenformen, die für flache Substratauflagen entwickelt wurden, garantieren nicht das optimale Anwachsen. Entscheidend ist, dass die Pflanzen in einem ähnlichen und ebenso mageren Substrat wie für die Dachbegrünung auf Spezialplatten vorgezogen werden.

Substratstärken von 15 Zentimetern und mehr können unter Umständen auch mit Stauden mit üblichen Topfballen (Topfdurchmesser 8 bis 9 Zentimeter) bepflanzt werden. Doch auch hier ist das Topfsubstrat entscheidend. Ist es zu fett, erleiden die Wurzeln im mageren Dachsubstrat einen Schock und vertrocknen. Speichert es zudem im Herbst mehr Wasser als das Substrat, frieren die Ballen im Winter hoch und schauen aus dem Substrat heraus, was im Sommer zum Vertrocknen führt. Deshalb sollte man auch hier nur auf Ware spezialisierter Gärtnereien zurückgreifen (siehe Seite 174).

Bei der naturnahen Bepflanzung werden an windgeschützten Stellen zusätzlich kleine, mit Steinen oder Holz eingefasste Substrathügel geschaffen und mit einer Extragabe sterilen Komposts versehen. Dort hinein können auch anspruchsvollere Stauden und sogar einige Zwerggehölzarten gesetzt werden.

Auch hier muss nach dem Bepflanzen und gegebenenfalls auch dem Mulchen und Dekorieren intensiv gewässert werden, bis das Substrat vollständig mit Wasser gesättigt ist. Man benutzt dazu die Gießbrause, die auf feinen »Landregen« eingestellt ist, und überbraust das bepflanzte Dach so lange, bis das Wasser im Abfluss erscheint bzw. hörbar ist. Zweimal pro Woche muss der Vorgang etwa 5 Wochen lang wiederholt werden, falls es nicht genügend regnet.

Tipp *Die Bepflanzung kann von März bis September erfolgen. Im Hochsommer sollte man einenn bedeckten Tag wählen.*

Mit Kletterpflanzen begrünen

Bei kleinen schattigen und sehr steilen Dächern von Nebengebäuden sowie solchen, die kaum Dachlasten verkraften, kann eine Dachbegrünung technisch sehr aufwendig und vegetationstechnisch wenig erfolgreich sein. Eine preiswerte und ansprechende Lösung ist die Begrünung mit Kletterpflanzen. Sie werden neben oder hinter dem Gebäude am Boden gepflanzt und mit den passenden Kletterhilfen an der Fassade aufs Dach geleitet. Nicht alle Kletterpflanzen eignen sich dafür, manche, z. B. Knötericharten, sind zu stark wüchsig.

Zum Hochleiten an der Fassade muss ein passendes Rankgerüst angebracht werden. Da Kletterpflanzen verschiedene Klettertechniken mit unterschiedlichen Pflanzenteilen entwickelt haben, muss man zwischen den Selbstklimmern (z. B. Efeu), den Spreizklimmern (z. B. Rosen), den Rankern (z. B. Clematis) und den Schlingern (z. B. Geißblatt) unterscheiden. Jede braucht eine andere Kletterhilfe, mit passendem Stabdurchmesser, Gitterabstand und Abstand von der Fassade.

Auch Selbstklimmern, die keine Kletterhilfe benötigen, muss man oftmals helfen, eine glatte, helle oder frisch gestrichene Fassade zu erobern. Da sie dunkle Untergründe bevorzugen, wachsen sie auch in alle Ritzen und Spalten an Fassade und Dach. Deshalb sind sie für viele Bauwerke aus Holz nicht geeignet. An einer einwandfreien glatten Fassade richten sie jedoch keine Schäden an.

Sind die Kletterpflanzen einmal am Dach angekommen, kann man sie gezielt leiten, ohne dabei die Dachhaut zu beschädigen. Gedanken machen muss man sich jedoch über das Freihalten der Dachrinne, der Fenster und Türöffnungen. Daher ist auch die Schnittverträglichkeit der gewählten Pflanze wichtig.

Tipp *Kletterpflanzen werden im Topf verkauft und können von Frühjahr bis Herbst gepflanzt werden. Viele Klettergehölze wollen als Waldrandbewohner mit dem Fuß im feuchten Schatten stehen und dort mit Laub oder anderem Mulchmaterial abgedeckt werden. Sie brauchen große Pflanzlöcher mit humoser Erde und Kompost sowie immer genug Feuchtigkeit an den Wurzeln.*

Auf der sonnenabgewandten Seite leitet man die Triebe der Kletterpflanzen zum Dach, bis sie in der Sonne angekommen sind und das Dach erobern. Auf der Sonnenseite können zusätzliche Kletterhilfen für eine Fassadenbegrünung angebracht werden.

Moose ansiedeln

Kommt für ein neues Gartenhaus nur ein schattiger Platz unter einem Baum infrage? Dann bietet sich ein kleiner Moosgarten in luftiger Höhe an.

Bei schattigen Dächern siedeln sich in der Regel von selbst Moose an, doch kann man diesen Prozess auch beschleunigen, z. B. indem man einen glatten Untergrund aufraut oder ein dickeres Vlies auflegt und anschließend eine Mischung aus zerriebenen Moosen und Joghurt,

Laubmoose der Gattung Brachythecium *sind vom Flachland bis zum Hochgebirge auf Erde, Holz und Gestein verbreitet.*

Buttermilch und/oder Tapetenkleister aufträgt. Danach sollte es am besten einige Tage nicht regnen, damit die Mischung besser haftet.

Moospolster kann man im Garten von Steinen und Mauern ablösen oder als Moosmatten kaufen (siehe Seite 174) und gezielt auf dem Dach auslegen. (Moose, die nur auf holzigen Unterlagen oder Erde wachsen, können jedoch auf dem Dach nicht gedeihen.)

Am besten beschwert man die aufgelegten Moosstücke zu Beginn mit Steinen, die jedoch bei einem Sturm niemandem auf den Kopf fallen dürfen! Ein dünnes Gemüsevlies kann in den ersten Wochen ebenfalls helfen, dass die Moospolster weder fortgeweht noch weggeschwemmt werden.

Moose eignen sich gut für Dächer aus Ziegeln oder aus zementgebundenen Faserplatten (»Eternit«), die keine großen Lasten aushalten. (Siehe dazu Seite 73.) Wer bei einem geneigten Dach geringe Mengen von leichtem Substrat aufbringen möchte, sollte vorher eine zum Profil passende, wenige Zentimeter hohe Vorderkante oder ein entsprechend zurechtgesägtes Brett anbringen. So wird der Wasserabfluss verzögert und Substrat sowie Moose werden vor dem Herunterrutschen bei Starkregen bzw. dem Austrocknen im Sommer geschützt.

Tipp *Um Moose anzusiedeln, eignet sich sicherlich der feuchte Herbst am besten, doch kann man jede Jahreszeit nutzen, wenn man gerade Moospolster zur Verfügung hat. Im Sommer muss das Moos aber anfangs feucht gehalten werden.*

Bauliche Voraussetzungen

Mit dem ökologischen Vorwissen aus dem vorangegangenen Kapitel betrachtet man sein Dach – ob Garage, Carport, Gartenhütte, Vordach oder Wintergarten – nun mit ganz anderen Augen. Also, nichts wie runter mit der alten Dacheindeckung und begrünen? Halt! So einfach ist es nicht, wir müssen erst einmal sehen, welche technischen Voraussetzungen gegeben sind und welche noch geschaffen werden müssen. Das sind zum einen der Ist-Zustand des Daches, dessen Neigung, die zulässigen Dachlasten, die Ausrichtung zur Sonne und Weiteres mehr.

Oder haben Sie noch kein fertiges Nebengebäude und planen die Begrünung vor dem Bau? Das ist optimal, denn auch Architekten und besonders Statiker planen immer vom Dach her, unter anderem, weil die Dachlast auf den Wänden aufliegt und deren Dicke sowie die Stärke der Fundamente bestimmt. Wer also neu plant, kann sich von seiner gewünschten Begrünungsform leiten lassen und die optimalen Voraussetzungen für die zu tragenden Lasten schaffen.

Man muss nicht davon ausgehen, dass sich nur Flachdächer für eine Begrünung eignen. Auch Steil- und sogar Tonnendächer sind schon erfolgreich bepflanzt worden. Sehr steile Dächer erfordern jedoch spezielle Techniken, die nur unter Hinzuziehung von Fachleuten geplant und begrünt werden sollten, was recht teuer werden kann.

In diesem Kapitel werden Sie über die technischen Voraussetzungen für die Begrünung von Dächern verschiedener Neigungswinkel informiert. Dabei haben wir flache, flach geneigte und steile Dächer unterschieden. Außerdem haben wir einige baurechtliche und sicherheitsrelevante Informationen für Sie zusammengestellt, damit Sie die Dachbegrünung gut planen und sicher durchführen können. Ab Seite 61 finden Sie dann zu jeder der Dachformen die passenden konkreten Anleitungen, um sie zu begrünen, und ab Seite 87 Ideen zur Bepflanzung Ihres Nebengebäudes.

Was man vorher bedenken muss

Nicht unwichtig sind rechtliche Fragen, um Ärger mit den Nachbarn oder mit dem Bauamt zu vermeiden, sowie sicherheitsrelevante Aspekte zum unfallfreien Arbeiten auf dem Dach.

Checkliste für mehr Sicherheit

- ▹ Wie sieht der Untergrund vor bzw. rund um das zu begrünende Gebäude aus? Ist er eben und fest genug, um eine Leiter sicher aufzustellen?
- ▹ Wo kann die Leiter sicher angelehnt werden? Kann man sie befestigen, sodass sie nicht umkippen kann?
- ▹ In welchem Zustand ist die Leiter? Ist sie hoch genug, sind die Sprossen alle sicher?
- ▹ Leihe ich besser ein Gerüst aus? Gibt es dafür Verankerungen am Gebäude? Ist der Untergrund dafür geeignet?
- ▹ Sind alle Helfer schwindelfrei? Sind sie auch umsichtig genug, auf einem Dach zu arbeiten?
- ▹ Gibt es irgendwo Stolperfallen, die erst beseitigt werden müssen?
- ▹ Habe ich alle Helfer und mich mit einer Bauhelferversicherung versichert?
- ▹ Können meine Helfer bei hohen und steilen Dächern mit einem Klettergurt umgehen und arbeiten?
- ▹ Gibt es einen Helfer, der speziell auf die Sicherheit achtet?
- ▹ Wie kommt das Material sicher aufs Dach?

Sicherheit bei der Arbeit

Es gibt viele Risiken, die man bei einer Dachbegrünung kennen muss, um sie von vornherein zu vermeiden. Die einen betreffen das Dach selbst, seine Statik, Dichtigkeit und Konstruktionsdetails, die anderen die Menschen, die an der Begrünung beteiligt sind.

Der Sturz von der Leiter ist in Haus und Garten einer der häufigsten Unfälle, die Gefahr sollte nicht unterschätzt werden. Bei der Planung der Begrünung in Eigenregie ist es deshalb sehr wichtig, die Baustelle und alle Hilfsmittel vorher in Augenschein zu nehmen. Dabei sollte man sich alle Arbeitsschritte und deren Ausführung vorstellen und überlegen, wo, wie und mit welchen Helfern sie bewerkstelligt werden sollen.

Eine gut geplante und vorbereitete Aktion, die alle Arbeitsschritte festlegt, nicht unter Zeitdruck stattfindet und von einem erfahrenen (Hobby-)Handwerker geleitet wird, ist wesentlich weniger unfallträchtig als eine Hauruckmaßnahme.

Tipp *Ist das Dach groß und werden Helfer benötigt, sollte man bei seinem Versicherer Bescheid geben und die Helfer kurzfristig mit einer speziellen Bauhelferversicherung (Unfallversicherung für Bauhelfer) absichern. Dies gilt übrigens für alle Bau- und Umbaumaßnahmen in Haus und Garten, bei denen Familienmitglieder und/oder Freunde mit anpacken.*

Bauvorschriften für Nebengebäude

In diesem Buch wird nur die Begrünung von Nebengebäuden in Privatgärten beschrieben. Darunter fallen Garagen und Carports sowie Gartenhäuser, Pavillons, Ställe, Scheunen und Unterstände, unter Umständen auch Vordächer am Wohngebäude. Sie dienen nicht dem Wohnen und haben in der Regel keine Heizung und keine gedämmten Wände und Dächer.

Für das Aufstellen von Nebengebäuden und das Anbringen von Vordächern gelten dennoch die Regeln der Bauordnung bzw. der Gestaltungssatzung der Kommune. Je nach Baugebiet müssen Grenzabstände, Volumen und Höhe der Gebäude berücksichtigt werden, ebenso das Nachbarschaftsrecht.

Nebengebäude mit Bauerlaubnis haben in der Regel Bestandsschutz, das heißt, es muss nicht erneut eine Bauerlaubnis eingeholt werden. Aber auch wenn keine Bauerlaubnis nötig ist, ist dennoch das Einverständnis des Nachbarn immer von Vorteil, besonders wenn das Gartenhäuschen an der Grenze steht. Eine schriftliche Vereinbarung mit dem Nachbarn kann sinnvoll sein, auch wenn diese bei einem Besitzerwechsel keine hundertprozentige Sicherheit bietet.

Ein Gartenhaus oder Pavillon kann relativ einfach ab- und an anderer Stelle wieder aufgebaut werden. Die Dachbegrünung wird dabei jedoch vollständig zerstört und muss wieder neu errichtet werden. Prüfen Sie deshalb vor dem Kauf bzw. dem Aufstellen genau, was zulässig ist. Ihr örtliches Bauamt oder das Kreisbauamt erteilen Ihnen dazu Auskünfte. Ist das Nebengebäude bereits vorhanden, kann sich auch hier eine Prüfung, ob die Begrünung in dieser Weise und an diesem Ort zulässig ist, lohnen.

Tipp *Durch die Überbauung mit einem Nebengebäude wird Fläche versiegelt. Eine Begrünung der Dachfläche und Entwässerung in den Garten hebt diese wieder auf. Bei einem Neubau eines begrünten Nebengebäudes ändert sich somit nichts an der Abwasserabgabe. Begrünen Sie jedoch ein bereits vorhandenes Nebengebäude, das in den Kanal entwässert wird, sollten Sie dies bei der Gemeinde melden, da sich die Abwasserabgabe dadurch mindern kann.*

Geräte und Hilfsmittel für den Substrattransport

Ein Dach zu begrünen, ist körperlich anstrengend – das sollten Sie nicht unterschätzen! Alleine eine stabile Folie kann viele Kilos wiegen, die erst einmal auf das Dach gehoben und dort ausgebreitet werden muss. Die größte körperliche Herausforderung bei der Begrünung von Dächern ist aber das Hinaufheben des Dachsubstrats. Bei kleinen Nebengebäuden bis etwa 10 Quadratmeter Dachfläche kann man dazu eine Eimerkette bilden: Bei 10 Zentimeter Substrathöhe werden hier immerhin 1000 Liter Substrat, also 100 volle Eimer benötigt. Außerdem braucht man vier Menschen, je einen Helfer auf dem Dach, einen auf der Leiter, einen am Substrathaufen, der die Eimer voll schippt und einen Träger, der die Eimer zur Leiter hinaufreicht. Alle Helfer sollten für die Arbeit feste Schuhe mit rutschsicheren Sohlen und gute Handschuhe tragen. Achten Sie auch auf gutes Werkzeug und stabile Eimer mit dickem Bügel. Auf diese Weise kann man auch größere Dächer begrünen, vorausgesetzt, die Helfer haben genug Ausdauer.

Ein geliehener Schrägaufzug kann die Eimerkette ersetzen. Hier braucht man nur zwei Menschen, einen zum Aufladen am Boden und einen zum Abladen auf dem Dach. Von einem Dachdecker kann man dazu einen Lastenaufzug oder ein Förderband ausleihen.

Bei größeren Dachflächen ist es aber gegebenenfalls ratsam, das Substrat in großen Säcken (Big-Bags) direkt aufs Dach heben zu lassen. Dies hängt in den meisten Fällen von der Zufahrtsmöglichkeit zum Dach ab. Ein Lastwagen mit Hebevorrichtung kann auf einer mindestens 3 Meter breiten Zufahrt Big-Bags anliefern und über das Dach heben, wo sie hängend geöffnet werden. Größere Dächer können auch von der Straße aus mit dem Silowagen beliefert werden. Hier wird das Substrat mittels eines langen Schlauchs auf das Dach geblasen. Welche Reichweite die Schlauchpumpe hat, muss mit dem Transportunternehmen vorher geklärt werden.

Wer einen Traktor oder Bagger mit Schaufel zur Verfügung hat, kann das Substrat auch mit der Schaufel anreichen oder sogar am vorderen Dachrand vorsichtig abkippen. Kleinere Mengen kann man auch in Wannen oder großen Kübeln mit einem Gabelstapler anreichen. Besonders bei großen Dächern ist es sinnvoll, ein Förderband auszuleihen, um das Substrat auf das Dach zu bringen.

Bei allen motorbetriebenen Hilfsmitteln muss die Zufahrt zum Nebengebäude gewährleistet, zum anderen der Untergrund ausreichend tragfähig sein. Beim Hinaufheben darf der Dachrand nicht beschädigt werden und das Material darf nicht an einem Punkt des Daches abgeladen werden! Es muss sofort gleichmäßig auf dem Dach verteilt werden, damit die Konstruktion zu keinem Zeitpunkt überlastet wird.

Was bei Flachdächern von Garagen und Carports relativ einfach gelingt, da hier in der Regel eine Zufahrt möglich ist, kann bei einem größeren Nebengebäude im hinteren Garten zur echten Herausforderung werden. Klären Sie also immer erst ganz genau, welche Maßnahmen wirklich sinnvoll sind, um sich die Arbeit zu erleichtern. Es macht beispielsweise keinen Sinn, wenn der Garten von einem hilfsbereiten Nachbarn mit Traktor zerfahren wird und anschließend renoviert werden muss.

Wichtigstes mechanisches Hilfsmittel ist bei ungünstigen Zufahrtsmöglichkeiten eine stabile Sackkarre. Man kann sie mit drei bis fünf aufeinander gestellten, zu etwa zwei Dritteln befüllten Eimern beladen und bis zum Fuß der Leiter schieben. Gibt es keinen befestigten Weg, legt man vorher lange Bohlen aus. Die Eimer kann man dann direkt dem Helfer auf der Leiter anreichen.

Zum Verteilen des Substrates auf dem Dach kann man eine Schaufel mit gerader Vorderkante benutzen. Rechen mit Zinken haben auf dem Dach nichts zu suchen. Sie können die Dachhaut beschädigen und sind gefährlich, wenn man aus Versehen darauf tritt.

Größere steile Dächer kann man nur mit der Schlauchpumpe vom Silowagen mit Substrat füllen lassen. Bei kleinen Nebengebäuden mit Steildach ist wieder nur die Eimerkette mit Helfern möglich. Anstelle einer Leiter kann hier ein Gerüst sehr hilfreich sein.

Tipp *Arbeiten Sie mit geradem Rücken, gespannten Bauch- und Gesäßmuskeln und leicht gebeugten Knien. Heben Sie schwere Gegenstände nah am Körper und lockern Sie Arme und Beine zwischendurch. So bleiben Gelenke und Rücken gesund.*

Der richtige Unterbau fürs grüne Dach

Viele Nebengebäude und Garagen haben Flachdächer, doch es gibt auch geneigte Dächer in verschiedenen Formen. Die bekannteste Form ist das Satteldach mit zwei geneigten Dachflächen und einem First. Bei Nebengebäuden recht häufig ist das Pultdach mit nur einer geneigten Fläche. Zeltdächer von Pavillons haben dagegen vier bis acht spitzwinklige, meist recht steile Dachflächen.

Für die Begrünung sind jedoch weniger die Dachformen als deren Neigungswinkel, die Zugänglichkeit, die möglichen Dachlasten und andere technische Merkmale wie die Dachfläche wichtig, die im Folgenden näher beschrieben werden sollen.

Wer keine technische Beschreibung seines Daches hat, kann den Neigungswinkel selbst bestimmen (siehe Seite 169) oder sich von kompetenten Fachleuten beraten lassen.

Das Ausmessen der Dachfläche ist einfach, wenn man Länge und Breite gut ermitteln kann. Bei geneigten Dächern gilt immer die tatsächliche Fläche der Dachhälften und nicht die Projektionsfläche bzw. die Grundfläche des Gebäudes.

Dachlasten nicht überschreiten

Damit die Nebengebäude möglichst preiswert sind, wird in der Regel nur so viel Material in Wänden und Dächern verbaut, dass es den statischen Mindestanforderungen genügt. So sind besonders bei kleinen Holzbauten Dach und Wände nur für geringe Lasten ausgelegt, die von der Dacheindeckung und der Schneelast im Winter aufgezehrt werden. Massive Garagen mit Betondecken können hingegen zusätzliche Lasten aufnehmen und sind in der Regel auch begehbar.

Die Möglichkeiten einer Begrünung und die Begrünungsart werden von der Tragfähigkeit des Daches begrenzt. Bei der Lastenannahme muss zwischen »ständigen Lasten« und »Verkehrslasten« unterschieden werden: Ständige Lasten entstehen durch die Dachkonstruktion selbst und den Aufbau in Form von Dacheindeckung oder Begrünung. Verkehrslasten treten nur kurzfristig in Form von Wind- und Schneelasten auf, oder wenn das Dach zu Pflege- und Wartungsarbeiten betreten wird.

Der Schichtaufbau der Begrünung bildet zusammen mit der Vegetation eine ständige Last. Dabei sind die Gewichte der Teichfolie als Dichtungsbahn und der Vliesstoffe als Schutzlagen vernachlässigbar, schwere Schutzlagen und Wärmedämmungen müssen jedoch in der gesamten Lastenbilanz berücksichtigt werden. Für das Substrat muss immer das Gewicht im wassergesättigten Zustand angenommen werden (siehe Seite 168). Die Tabelle auf Seite 48 gibt einen Überblick über die Flächengewichte der unterschiedlichen Begrünungsformen.

Kurzfristige Überschreitungen der Lastenannahme durch Verkehrslasten, die durch das Betreten des Daches auftreten, sind zulässig, da diese Lastreserven beim Bau berücksichtigt werden müssen.

Ebenfalls zu berücksichtigen sind immer auch Lasten durch mineralische Mulchmaterialien. Splitte und Sande wiegen etwa 2 Tonnen pro Kubikmeter. Bei einer Schichtdicke von 1 Zentimeter braucht man 10 Liter pro Quadratmeter, die etwa 20 Kilogramm wiegen. Dieses Gewicht muss zur Substratlast addiert werden.

Auch einzelne Steine und Substrathügel für anspruchsvollere Pflanzen, die zudem von Steinen begrenzt werden müssen, wiegen punktuell mehr als die übrigen Substratschichten. Ist die zulässige Dachlast auf

Ermittlung der Nutzlast

Zur Errechnung der Nutzlast für eine Dachbegrünung muss man die Schneelast (in verschiedenen Teilen Deutschlands und Höhen über NN unterschiedlich) und die Verkehrslast (das durchschnittliche Gewicht eines Menschen) von der maximal zulässigen Belastung (laut Statik) abziehen.

Maximale Belastung (kN/m^2) minus Schneelast (kN/m^2) minus Verkehrslast (kN/m^2) = Nutzlast (kN/m^2).

Diese Nutzlast bzw. Lastreserve kann für eine Begrünung vollständig in Anspruch genommen werden. Bei Garagen mit Kiesschüttung beträgt sie z. B. zwischen 0,5 und 1 kN/m^2. Sie reicht für eine extensive bis naturnahe Begrünung aus.
Reicht die Nutzlast für eine Begrünung nicht aus, kann man bei Nebengebäuden die Verkehrslast (0,7 kN/m^2) auch noch als zusätzliche Nutzlast für eine Begrünung nutzen. Das bedeutet jedoch, dass das Dach bei Schnee auf keinen Fall betreten werden darf!
Die Formel lautet in diesem Fall:

Maximale Belastung (kN/m^2) minus Schneelast (kN/m^2) = Nutzlast (kN/m^2) für Begrünung

Flächengewichte der Begrünungsformen auf leichtem mineralischen Dachsubstrat

Flächengewicht* (kg/m^2)	Substrathöhe (cm)	Begrünungsformen
75 – 100	5 – 6	extensiv mit *Sedum*-Arten
100 – 150	7 – 10	extensiv mit Gräsern und Kräutern
160 – 200	10 – 15	naturnah mit Gräsern und Kräutern
200 – 250	15 – 20	naturnah mit Gräsern und Stauden
250 – 350	20 – 30	naturnah mit Gräsern, Stauden und Zwerggehölzen
350 – 600	30 – 40	naturnah mit Stauden und Zwerggehölzen oder intensiv mit Rasen
600 – 1000	45 – 60	naturnah oder intensiv mit Stauden und Sträuchern

* (die flächenbezogene Masse von 100 kg entspricht etwa 1kN, siehe auch Seite 166)

der Fläche bereits ausgereizt, kann man Substrathügel und Steinhaufen nur über Stützen, Mauern und anderen Bauteilen, die höhere Dachlasten zulassen, errichten.

Vor jeder Begrünung sollte immer in den Unterlagen des Statikers nachgeschaut oder von einem Fachmann berechnet werden, für welche ständigen Lasten, zu denen auch Bauelemente wie Randabgrenzungen oder Platten gehören, die Dachkonstruktion ausgelegt ist. Spezielle Konstruktionen, wie z. B. Traufdränagen aus Kiesschüttungen, dürfen die errechnete Lastenannahme überschreiten, wenn sie über einer tragenden Wand oder einer Stütze errichtet werden. Für viele Nebengebäude gibt es keine Unterlagen zur Statik, tragende Bauteile altern zudem. Daher ist es auf jeden Fall sinnvoll, einen Statiker, bei Holzbauten gegebenenfalls auch einen Zimmermann, um Rat zu fragen. Diese Fachleute können Ihnen auch sagen, durch welche Maßnahmen die Lastannahmen erhöht werden können, falls die Lastreserven für die geplante Begrünung nicht ausreichen.

Die größten Lasten hat ein Dach in der Regel kurzfristig zu verkraften, wenn Helfer die Folie ausrollen, das Substrat heraufschaffen und verteilen und das Dach begrünen. Deshalb muss man hier gut planen und sich ständig bewusst sein, dass das Dach in der Regel nicht für den Aufenthalt von Menschen ausgelegt ist.

Es dürfen immer nur wenige Helfer auf dem Dach sein. Diese müssen sich stets über die Fläche verteilen und dürfen nicht eng nebeneinanderstehen. Die Materialien dürfen nicht auf einem Haufen gelagert werden. Ein häufiger Fehler ist das Abstellen von Big-Bags mit Substrat auf der Mitte des Dachs, da sie von hier gut von allen Seiten erreichbar sind. Ein gefüllter Big-Bag kann jedoch 1 bis 2 Tonnen wiegen und darf deshalb nicht auf das Dach gestellt werden. Man öffnet ihn, solange er am Kran hängt, und entleert ihn auf einer größeren Fläche, jedoch keinesfalls auf einem Haufen!

Bei einer guten Baustellenlogistik steht nichts auf dem Dach herum, sondern wird dann angeliefert, wenn es auch direkt eingebaut werden kann.

Tipp *Markieren Sie sich die Dachflächen, die laut Statik oder Augenschein höhere Lasten vertragen, z. B. über Stützen oder tragenden Wänden, damit Material nur dort gelagert wird. Ist das Substrat verteilt, markieren Sie die Orte erneut, z. B. mit Steinen (umgedrehte Plastikeimer fliegen leicht weg!), damit sie auch beim Dekorieren und Bepflanzen wieder gefunden werden. Achten Sie dabei aber bitte darauf, dass die Markierungen keine Stolperfallen werden.*

Dachneigung kennen

Die Neigung eines Dachs wird durch dessen Konstruktion bestimmt und in Grad (°) angegeben. Flachdächer bzw. 0-Grad-Dächer haben keine Neigung in der Unterkonstruktion. Damit das Regenwasser schneller abfließt, können sie jedoch obenauf bzw. unter der Dachhaut ein leichtes Gefälle (meist 2 Prozent) zum Gully oder der Traufe haben.

Architekten geben nur Dachneigungen in Grad an. Eine Angabe des Gefälles in Prozent (%) ist, zusammen mit der Richtung des Gefälles, nur bei »ebenen« Flächen wegen des Wasserablaufs nötig. Da es für den Laien unter Umständen einfacher ist, das Gefälle eines geneigten Dachs mittels Zollstock und Wasserwaage in Prozent zu bestimmen, wurde dies auch in der Tabelle auf dieser Seite berücksichtigt. Zwischenwerte können Sie in einer Umrechnungstabelle auf Seite 169 ablesen.

Verschiedene Dachformen und notwendige Aufbauten für die Begrünung

Dachneigungen (für Begrünung)	Neigung (in °)	Gefälle (in %)	Voraussetzung für die Begrünung
Flachdach, Null-Grad-Dach	0	0	einschichtiger, selten auch zweischichtiger Aufbau (Dränage unter dem Substrat) oder leichtes Gefälle herstellen (siehe Seite 26 und 62)
schwach (flach) geneigtes Dach	1 – 3	2 – 5	einschichtiger Substrataufbau auf Vlies (siehe Seite 26)
stark geneigtes Dach	4 – 15	7 – 25	einschichtiger Substrataufbau, ab 10° unter Umständen auf Krallmatten (siehe Seite 69)
Steildach	15 – 30	25 – 60	einschichtiger Substrataufbau zwischen Schubschwellen (siehe Seite 75)
sehr steiles Steildach	30 – 45	60 – 100	nur mit Spezialsystemen zu begrünen

Entwässerung flacher und steiler Dächer

Sowohl die Menge des anfallenden Regenwassers auf dem Dach als auch der Wasserabfluss vom Dach sind abhängig von der Dachneigung: Ist das Dach flach, fällt der gesamte, senkrecht auftreffende Regen darauf und das Wasser fließt erst nach längerer Zeit ab, sobald das Substrat vollständig mit Wasser vollgesogen ist. Auf einem Flachdach kann sich das Substrat langsam vollsaugen und die Pflanzen sind gut mit Wasser versorgt. Allerdings soll überschüssiges Regenwasser auch wieder abfließen können, denn die Pflanzen dürfen nicht im Wasser stehen, weil dann die Wurzeln zu faulen beginnen. Ein ebener Untergrund mit einem Gefälle von 2 bis 5 Prozent ist optimal, denn hier fließt alles Wasser, das nicht vom Substrat aufgesogen wurde, relativ langsam, aber zuverlässig in die Entwässerung. In der Praxis zeigt sich aber, dass sich auch auf fachgerecht begrünten Dächern ohne Gefälle kein Stauwasser bildet, denn ein gutes mineralisches Dachsubstrat saugt stehendes Wasser nach und nach auf. Selbst kleinere Senken, in denen sich Pfützen bilden, können toleriert werden. Schlimmstenfalls zeigt sich an der Vegetation, wo die feuchteren Stellen auf dem Dach sind, aber das bereichert nur die Pflanzenvielfalt.

Steile Dächer bekommen weniger Regen ab als flache, denn die Projektionsfläche ist hier kleiner. Nur wenn der Regen immer unter dem gleichen Winkel wie die Dachneigung auf ein schräges, z. B. nach Westen zeigendes Dach auftrifft, kommt die gesamte Regenmenge auf der Dachfläche an.

Auf steile Dächer trifft aber nicht nur weniger Regen, das Wasser fließt auch schneller wieder ab. Unter Umständen so schnell, dass dem Pflanzsubstrat kaum Zeit bleibt, das Wasser aufzusaugen. Im schlimmsten Fall, z. B. bei Starkregen, rutscht das ganze Substrat vom Dach ab. Schubsicherungen dienen deshalb nicht nur der Substratsicherung, sondern sie sollen auch den Wasserabfluss deutlich verzögern und müssen entsprechend eingebaut werden (siehe Seite 75).

Ob flach geneigt oder steil, in jedem Fall braucht das Dach eine Entwässerung, um überschüssiges Wasser abzuleiten. Diese erfolgt über einen oder mehrere Gullys (siehe Abbildung Seite 52) oder über den Rand, die Traufe des geneigten Daches (siehe 2. Abbildung Seite 52).

Da der Wasserabfluss bei begrünten Dächern wesentlich langsamer erfolgt und zudem deutlich geringere Wassermengen pro Zeiteinheit anfallen als bei nackten Dächern, können Gully bzw. die Regenrinne sowie Fallrohre des Nebengebäudes jedoch deutlich kleiner dimensioniert werden als bei einem unbegrünten Dach (siehe Seite 171). Bei sehr kleinen begrünten Dächern kann man sogar darauf verzichten, wenn gewährleistet ist, dass das abfließende Wasser nicht am Rand des Gebäudes herunterläuft.

Der Rand eines Gullys muss nicht plan mit der Dachfolie abschließen, sondern darf 1 bis 2 Zentimeter höher stehen. Auf diese Weise wird das abfließende Wasser etwas angestaut und das Substrat hat etwas länger Zeit, die Wasserreste aufzusaugen.

Bei einer Entwässerung über die gesamte Breite der Traufe reicht ein Spalt unter dem Traufbalken für den Abfluss. Man kann aber auch gelochte Bleche oder Gitter (Kiesfänge) dafür verwenden.

Sonderfall: Wasser von weiter oben

Bei Anbauten, Garagen und Vordächern gibt es manchmal die Situation, dass Dachwasser vom Haus über das Anbaudach in dessen Entwässerung geleitet wird. Solange das Dach nicht begrünt war, funktionierte das meistens, doch mit einer Begrünung muss diese, nicht fachgerechte Entwässerung meistens geändert werden. Der Grund: Das schwallartig anfallende Wasser würde das Substrat einfach wegspülen, schlimmstenfalls sogar die Entwässerung verstopfen. Pflanzen können hier natürlich auch nicht wachsen.

Hier muss ein passendes Regenrohr über die Folie des zu begrünenden Dachs gelegt werden, das in die Regenrinne mündet. Bezieht man das Regenrohr in die Bepflanzung und Dekoration mit ein, kann es unauffällig versteckt werden. Kupferrohre fallen auf braunem Lava-Bims-Gemisch, verzinkte Rohre über hellgrauem Kalksplitt kaum auf. Man kann aber auch eine Rolle aus Schilfhalmen für Wildbienen mit Blumendraht am Regenrohr befestigen.

Vor der Begrünung eines Daches lohnt es sich, die Entwässerung aller angrenzenden Gebäude zu inspizieren und gegebenenfalls zu erneuern. Alle Dachrinnen oberhalb des begrünten Daches sollten mit Laubgittern abgedeckt werden, denn ein verstopftes Fallrohr führt zum Überlaufen der Dachrinne. Das schwallartig über die Rinne laufende Wasser zerstört aber die Begrünung und spült die Substratteilchen herunter.

Tipp *Die Entwässerung muss für die anfallenden Wassermengen ausgelegt sein und mittels einer Kiesdränage frei von Substrat und Bepflanzung gehalten werden. Die Kiespackung muss mit einem Vlies vor Verschmutzungen durch Kompost, Erde und Substratteilchen geschützt werden.*

Verwendung des Dachwassers als Gießwasser

Begrünte Dächer vermindern zwar den Wasserabfluss um mehr als die Hälfte, aber es lohnt sich trotzdem, das ablaufende Dachwasser aufzufangen. Eine Regentonne neben dem Fallrohr der Garage, der Gartenhütte oder dem Vordach speichert das Wasser und kann zum Gießen anderer Pflanzungen verwendet werden. Bei großen Dächern wählt man für das Fallrohr ein Zwischenstück mit Schlauch und Schwimmer, das ein Überlaufen der Regentonne verhindert. Bei kleinen Dächern, wo wenig Wasser anfällt, kann man das Fallrohr auch direkt in die Regentonne münden lassen.

Eine frostfeste Regentonne von 80 bis 100 Zentimeter Höhe und einem Durchmesser von mindestens 60 Zentimetern ist ergonomisch am sinnvollsten, denn hier kann man seine Gießkanne einfach eintauchen und braucht nicht (gebückt) warten, bis sie aus einem Hahn vollgelaufen ist. Ein Deckel ist wichtig, damit Kinder oder Wildtiere wie Eichhörnchen und Vögel nicht hineinfallen können, und schützt vor Mücken. Ist der Deckel geteilt, erleichtert er das Aufklappen zum Schöpfen.

Je nach Dachsubstrat kann das abfließende Wasser leicht verfärbt, bei Verwendung von Kalksplitt als Mulchdecke auf dem Dach auch etwas kalkhaltig sein. Beides stellt aber keine Qualitätseinbuße dar. Im Gegenteil: Staub und Schadstoffe aus der Luft, die sich im Regenwasser befinden, werden vom Dachsubstrat sogar zurückgehalten. Ein Laubabscheider zwischen Fallrohr und Zulauf zur Regentonne ist beim begrünten Dach in der Regel nicht nötig. Ebenso kann man auf einen vorgeschalteten Filter für den Einlauf in eine unterirdische Zisterne verzichten, denn Staub und kleine Substratteilchen werden vom Vlies vor der Entwässerung zurückgehalten.

Bei einem kleinen, am Rand einer Hecke oder eines Beetes stehenden Gartenhaus mit Pultdach, kann man das Dachwasser direkt oder über die Ecke an einer Kette in ein angrenzendes Beet laufen lassen. Das Gefälle muss aber immer vom Gebäude weg zeigen, damit der Haussockel bzw. die Fundamente der Stützen nicht ständig im Wasser stehen.

Dachhaut für naturnah begrünte Dächer

Unter einer Dachhaut wird die oberste Dichtungsbahn verstanden, die das Gebäude vor Regen und Schnee schützt. Sie kann aus den unterschiedlichsten Materialien bestehen, z. B. einer Bitumenbahn (»Dachpappe«), Bitumenschindeln oder einer Folie. Während sich übliche Bitumenbahnen und -schindeln für eine Dachbegrünung niemals eignen, da sie an den Nähten von Wurzeln durchstoßen werden, kann eine vorhandene dichte Folie auf dem Dach, je nach Material und Dicke, unter Umständen als Dachhaut weiterhin genutzt werden.

Eine Bitumenbahn muss immer mit einer Folie abgedeckt werden. Jedoch reagieren die meisten Kunststoffe der Folien chemisch mit dem Bitumen, sodass erst eine Trennlage aufgelegt werden muss. Dies sollte ein dickeres Vlies (300 g/m^2) sein, am besten das gleiche Material, das man auch zum Schutz der Folienoberseite verwendet.

Man legt also erst das Vlies als Trennlage auf die Bitumenbahn. Darauf wird anschließend die neue Dachdichtung, am besten eine Teich- oder Dachbegrünungsfolie von etwa 1 Millimeter Dicke, aufgelegt. Diese ist (außer für Intensivbegrünungen) ausreichend wurzelfest.

Auf die Dachbegrünungsfolie wird bei flachen und flach geneigten Dächern ein weiteres Vlies (mindestens 300 g/m^2) gelegt.

Spezielle Wurzelschutzfolien sind geprüfte Dichtungsbahnen, die das Einwachsen der Wurzelspitzen verhindern. Sie wurden für Intensivbegrünungen entwickelt, wo erhebliche mechanische Belastungen durch verholzende Wurzeln entstehen, besonders wenn sich die Bewegungen der Pflanzen im Wind als Reibung auf die Wurzelschutzbahn übertragen. Bei extensiven und naturnahen Dachbegrünungen mit geringer Schichtdicke und kleineren Pflanzen sind sie nicht notwendig. Hier bildet sich auf der obersten Schutzlage, dem Vlies, in der Regel ein dichter Wurzelfilz aus, der jedoch keinen Schaden verursacht, da die Wurzeln der in diesem Buch empfohlenen Pflanzen nicht durch die Folie dringen. Deshalb reichen hier normale Teichfolien von 1 Millimeter Stärke aus. Auch die Teichfolien werden von den Pflanzenwurzeln nicht angegriffen und sind viele Jahrzehnte haltbar, sofern sie immer vor UV-Licht geschützt sind. (Ein Vlies als Schutzlage wird aber dennoch immer aufgelegt.)

Unentbehrlich: Vliese und Matten

Im Erd-, Haus- und Gartenbau werden verschiedene Vliesstoffe zum Stabilisieren, Schützen, Trennen oder Dränieren verwendet. Es handelt sich dabei um unterschiedlich dicke Wirrgewebe aus Kunststofffasern (Polyester, Polypropylen, Polyethylen oder Polyamid). Man bekommt sie in kleinen Mengen im Baumarkt, in größeren Mengen und verschiedenen Breiten von der Rolle im Baustoffhandel und bei Spezialisten für Teichbau und Dachbegrünungen (Adressen siehe Seite 174). Je nach Dicke (in g/m^2) und Verwendungszweck werden sie Geovlies, Dränagevlies, Schutzvlies, Unkrautvlies oder Gemüsevlies genannt.

Für die Dachbegrünung benötigt man ein Schutzvlies unter der Dachbegrünungsfolie, das diese an der Unterseite vor Beschädigungen schützt. Es sollte etwa 300 g/m^2 wiegen, um seinen Zweck als Trennlage zu erfüllen. Die einzelnen Vliesbahnen werden mit 10 Zentimeter Überlappung eben ausgelegt und an den Rändern abgeschnitten. Das untere Schutzvlies sollte niemals an den Rändern des Dachs hochgezogen werden, denn es saugt Feuchtigkeit an, die durch die Dochtwirkung unter die Folie geraten kann.

Ist die Dachfolie auf dem unteren Schutzvlies verlegt, folgt zum Schutz der Folienoberseite eine zweite Vlieslage (300 g/m^2), deren Bahnen ebenfalls mit Überlappung ausgelegt werden. Das obere Schutzvlies schützt nicht nur die Folie vor Beschädigungen. Es hält auch das Regenwasser zurück und wird von den Pflanzen durchwurzelt. Durch seine Rauigkeit verhindert es auf flach geneigten Dächern, dass Substrat abrutschen kann.

An der Traufe bzw. am Gully sollte man das obere Schutzvlies großzügig überhängen lassen, denn es dient hier auch als Dränagevlies für die Kiespackung. An den Dachrändern wird das obere Vlies ebenfalls nicht hochgeschlagen. Würde es über das Substrat herausschauen, zöge es Wasser wie ein Docht aus dem Substrat heraus.

Reststücke der Vliesbahnen benutzt man für die Dränage und zum Unterlegen größerer Steine bzw. besonders belasteter Dachstellen.

Bei größeren Dachneigungen (ab 10 bis 15 Grad) wird das obere Vlies durch eine Krallmatte ersetzt. Die Matte besteht aus einem Vlies, in das Schlaufen aus Kunststoff gewebt sind (ähnlich wie bei einem

Frotteestoff). Die Kunststoffschlaufen hindern das Substrat am Abrutschen vom Dach.

Krallmatten werden bei steilen Dächern anstelle des oberen Schutzvlieses verlegt. Die raue Oberfläche aus Kunststoffschlingen hält die Substratteilchen fest und wird auch von den Pflanzen bewurzelt.

Hoffentlich dicht

Voraussetzung für die lange Freude am begrünten Dach ist die Dichtigkeit des Dachs. Eine bereits vorhandene Dachhaut sollte vor der Begrünung genau geprüft und gegebenenfalls erneuert werden. Zum Prüfen eines flachen Garagendachs räumt man den gesamten Kies ab und verstopft den Gully mit einem Lappen, Deckel oder Ähnlichem. Dann flutet man das Dach bis zum Rand mit dem Gartenschlauch und prüft nach einigen Stunden, ob irgendwo an Decke oder Wänden im Innern des Gebäudes Wasser auftaucht. Es kann mitunter sogar Tage dauern, bis eine Undichtigkeit sichtbar wird. Meist erscheinen die Wasserflecken bzw. -tropfen auch an ganz anderen Stellen, als man vermuten würde. Die Stelle, an der das Dach undicht ist, muss deshalb nicht direkt über der feuchten Decke oder Wand sein. Bei geneigten Dächern ist eine Dichtigkeitsprüfung schwieriger. Hier kann man nur eine Dauerberegnung abwarten oder mit dem Gartenschlauch simulieren.

Belastungen der Dachhaut bei unbegrünten Dächern

Eine fachgerecht ausgeführte Dachbegrünung erhöht immer die Lebensdauer der Dachhaut. Denn ohne eine begrüne Auflage ist sie vielerlei Belastungen ausgesetzt:

- ▹ **Kälte:** Spannungsrisse entstehen besonders durch Temperaturunterschiede im Winter, wenn z. B. ein Teil der Dachhaut noch unter einer Eisdecke liegt, ein anderer aber der Sonne ausgesetzt ist. Dabei können Temperaturunterschiede von bis zu 40 °C entstehen.
- ▹ **Hitze:** Aus Bitumenbahnen verdampfen im Sommer die leicht flüchtigen Öle. Dadurch werden die Bitumenbahnen spröde und es entstehen Risse.
- ▹ **UV-Strahlung:** Dachfolien sind gegen UV-Strahlen stabilisiert, allerdings nur für maximal 3.000 Sonnenstunden (je nach Gegend 12 bis 15 Jahre). Sie werden spröder und rissig.
- ▹ **Mechanische Belastung:** Auch mit Kies abgedeckte Dächer sind nicht vor mechanischen Belastungen gefeit. Vormals runde Kiesel können bei Frost platzen und die scharfen Kanten bohren sich bei Trittbelastungen in die Folie.

Nackte oder mit Kies bedeckte Dachhäute können durch ihre begrenzte Lebensdauer undicht werden.

Einkaufstipps für Folie und Zubehör

Undichte Stellen entstehen besonders an Nähten, wo Folienbahnen überlappen und geklebt oder per Heißluft miteinander verschweißt werden müssen. Deshalb verwendet man bei kleineren Nebengebäuden möglichst nur eine einzige Folienbahn von passender Breite und Länge. Ist das nicht möglich, muss man sich in die Technik des Verklebens oder Verschweißens gut einweisen lassen oder diese anspruchsvolle Arbeit einem Dachdecker überlassen.

Die häufigsten Dichtigkeitsprobleme an Dachhäuten entstehen an Durchlässen. Hier muss sehr sorgfältig mit speziellen Bauteilen und zusätzlichen Folienstreifen sowie geeigneten Klebern gearbeitet werden. Bei Nebengebäuden gibt es in der Regel weder Schornsteine noch Entlüftungsrohre oder Dachantennen. Nur Gullys müssen hier fachgerecht eingepasst und abgedichtet werden. Dafür gibt es im Fachhandel (Dachdeckerbedarf) passende Bauteile, die sich auf die Folie kleben lassen.

Alle für eine Dachbegrünung geeigneten Dachfolien, die wurzelfest sind, sind in Herstellung und Entsorgung nicht wirklich umweltfreundlich. Jedoch werden sie von den Pflanzenwurzeln und den Mikroorganismen im Pflanzsubstrat gut vertragen, sind also nicht giftig für Lebewesen. Hier gilt dasselbe wie beim Teichbau: Der Zweck heiligt die Mittel. Man kann sich nur zwischen mehr oder weniger umweltbelastenden Materialien entscheiden.

Bei kleinen Nebengebäuden ist es am einfachsten, eine 1 Millimeter starke Teichfolie passender Breite zu kaufen. Im Baumarkt bekommt man meist nur PVC-Folien, doch es gibt auch PE- und Kautschuk-Folien, deren Umweltbilanz bedeutend besser ist. Andere Materialien sind für die Begrünung von Wohngebäuden entwickelt worden und meist in kleinen Mengen bzw. für den Privatmensch kaum erhältlich. Zum Verarbeiten braucht man hier meist spezielle Kleber oder Quellschweißmittel, die nur vom Fachmann verarbeitet werden können. Sie werden dennoch der Vollständigkeit halber in der Tabelle auf Seite 60 aufgeführt.

Gänzlich ungeeignet sind alle anderen Folien, die man z. B. zum Abdecken oder Einwickeln benutzt. Sie werden im Außenbereich schnell spröde und undicht. Ebenfalls ungeeignet ist sogenannte »Gärtnerfolie«, ein Bändchengewebe, da es wasserdurchlässig ist. LKW-Planen sind zwar extrem wasser- und reißfest, aber auch sehr schwer und teuer. Ob sie wurzelfest sind und wie sie mit der natürlichen Bodenchemie reagieren, wurde nie geprüft.

Tipp *Beim Kauf eines neuen Gartenhauses sollte man fragen, ob man die im Lieferumfang enthaltenen Bitumenschindeln oder Bitumenbahn gegen ein passendes Stück Teichfolie von 1 Millimeter Dicke sowie die doppelte Vliesmenge (300 g/m^2) tauschen kann. So muss man die überflüssige Bitumenbahn nicht entsorgen und spart Geld.*

Wurzelfeste Folien für Dachbegrünungen

Bezeichnung	Material (empfohlene Dicke)	Vorteile	Nachteile
Teichfolie	Polyvinylchlorid, PVC (1 mm)	überall erhältlich; alle untereinander chemisch verträglich; preiswert	nicht bitumenverträglich; bei Herstellung und Entsorgung gesundheits- und umweltschädlich
Teichfolie	Polyethylen, PE (1 mm)	umweltfreundlich in Herstellung und Entsorgung	etwas teurer; meist nur im Fachhandel erhältlich
Kautschukfolie	Latex aus Pflanzen und Hilfsstoffen (1,2 mm)	umweltfreundlich; sehr dehnfähig	sehr schwer; relativ teuer
EPDM-Folie (Ethylen-Propylen-Dien-Kautschuk)	synthetischer Kautschuk aus 90 % Ton und chemischen Hilfsstoffen (1,2 mm)	für Flachdächer entwickelt; wurzelfest; sehr haltbar; bitumenverträglich; relativ umweltfreundlich	Folien unterschiedlicher Hersteller nicht untereinander verarbeitbar; Lösungsmittel für Quellverschweißung nötig
ECB-Folie (Ethylen-Copolymer-Bitumen)	Bitumen mit Glasvlieseinlage (1,8 mm)	für Flachdächer und Dachgärten; Bahnen gut zu verschweißen	relativ dick, schwer und teuer

Um zu berechnen, wie viel Folie und Vlies Sie benötigen, addieren Sie jeweils zu Dachlänge und -breite das Doppelte der Höhe des Dachrandes hinzu. So können Sie die Folie an den Dachrändern hochschlagen. Kalkulieren Sie weitere 5 bis 10 Prozent als Sicherheitszugabe, denn Folien dehnen sich bei Wärme aus und ziehen sich bei Kälte zusammen.

Die benötigte Vliesmenge ist abhängig von der Breite der Vliesbahnen. Bitte beachten Sie, dass sich nebeneinandergelegte Vliesbahnen etwa 10 Zentimeter überlappen müssen. Für die »Kieswurst« als Traufdränage muss die obere Vliesbahn etwa 150 Zentimeter über die Traufe hinausragen. Für beide Vlieslagen braucht man also Mengen, die etwa zweieinhalbmal der Dachfläche entsprechen. Beim Vlieskauf sollte man großzügig sein, denn Vlies kann man auch anderweitig gebrauchen.

Tipp *Kaufen Sie immer nur eine Folie am Stück, die zu Ihrem Dachmaß passt. Ist das nicht möglich, müssen Sie das Kleben oder Verschweißen mehrerer Dichtungsbahnen einem Fachmann (Dachdecker) überlassen.*

Schritt für Schritt zum grünen Dach

Checkliste für meine Dachbegrünung

Was zu bedenken ist	Das gilt für mein Dach
Himmelsrichtung	
Besonnung (sonnig, halbschattig, schattig)	
Dachneigung (° oder %)	
zulässige Dachlast (Verkehrslast und Schneelast)	
Dachfläche (m^2)	
Substratart und -menge (in m^3)	
Dränagekies (in m^3)	
Schutzvliese (in m^2) mit Randzugabe	
Dachfolie (in m^2) mit Randzugabe	
Material für Gestaltung des Dachrandes	
Material für die Entwässerung (Gully, Rohre, Rinne)	
Bepflanzung (Samen, Sprossen oder Stauden)	

Da jedes Dach anders ist, möchten wir Ihnen nun anhand einiger konkreter Beispiele nochmals erläutern, wie Sie die Dachbegrünung anpacken können und wie Sie bei der Vorbereitung des Daches für die anschließende Begrünung vorgehen sollten. Dazu haben wir häufig vorkommende Nebengebäude und Dachformen ausgesucht.

Flachdächer und flach geneigte Dächer begrünen

Ein begrüntes Flachdach gleicht einem flachen Pflanzkasten oder einem Tischbeet. Man braucht eine wasserdichte Unterseite, unter Umständen ein leichtes Gefälle zu einer Entwässerung hin und einen stabilen, wasserdichten Rand in der gewünschten Höhe. Hat das Dach weniger als 2 Prozent Gefälle oder weist es große, tiefe Pfützen auf, sollte man in niederschlagsreichen Gebieten eine mineralische Dränageschicht unter das Pflanzsubstrat bauen. So kann ein Zuviel an Wasser abfließen und die Pflanzenwurzeln verfaulen nicht in stehendem Wasser. Die Dränageschicht sollte aus grobkörnigem Material bestehen und muss vom Pflanzsubstrat mit einem Vlies getrennt werden. Diese Bauweise nennt man zweischichtig.

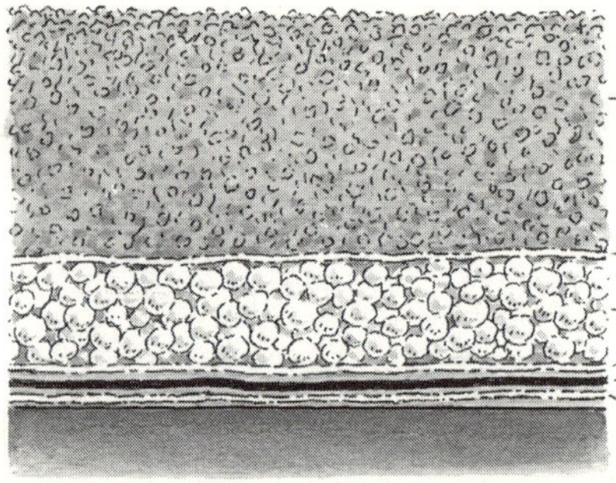

Bei der zweischichtigen Bauweise wird vor dem Substrat zunächst eine Dränageschicht, die mit einem Vlies abgetrennt wird, aufgebracht. Dies ist nur bei Flachdächern ohne Gefälle in niederschlagsreichen Gegenden nötig.

Die Höhe der Dränageschicht sollte mindestens 3 Zentimeter bzw. etwa ein Drittel bis ein Viertel der Höhe des Substrates darüber betragen. Dies richtet sich aber auch nach der vorherrschenden Niederschlagsmenge in der Region. Als Material kann man z. B. ein Lava-Bims-Gemisch mit derselben Körnung nehmen wie für das Substrat, lässt aber den Kompostanteil weg. Noch besser sind gesiebte Körnungen der

Korngrößen 8 bis 16 Millimeter oder Porotonkügelchen. Dort, wo die Dachlast keine Rolle spielt, kann man auch runden Dränagekies oder Fallschutzkies verwenden. Völlig ungeeignet sind jedoch alle scharfkantigen Schotter und Splitte!

Die Dränageschicht wird immer auf ein Vlies gelegt, um die Dachhaut zu schützen. Rund um die Gullys bzw. vor der Traufe wird das Vlies so umgeschlagen, dass das Dränagematerial sicher eingepackt ist und nicht in den Abfluss gelangen kann.

Anschließend wird die Dränageschicht mittels eines weiteren aufgelegten Vlieses von der Substratschicht getrennt, damit sie dauerhaft ihre wasserableitende Funktion erfüllen kann. Die Höhe der notwendigen Dränageschicht muss bei der Höhe des gewünschten Aufbaus für die Begrünung berücksichtigt werden.

Ist ein Gefälle von 2 bis 5 Prozent vorhanden, spricht man bereits vom flach geneigten Dach. Hier läuft überschüssiges Wasser im körnigen Dachsubstrat ab, ohne dass man dazu eine extra Dränageschicht benötigt. Der Substrataufbau ist daher einschichtig (siehe Abbildung auf Seite 26).

Tipp *Bei Neubauten ist es am sinnvollsten, ein Flachdach mit 2 bis 5 Prozent Gefälle zu wählen.*

Checkliste Flachdach

- Wie groß ist das Dach?
- Ist das Gefälle ausreichend (mindestens 2 Prozent)?
- In welchem Zustand ist die Entwässerung?
- Welche Dachlast ist statisch möglich?
- Wie hoch kann der Substrataufbau gewählt werden?
- Ist der Dachrand für die gewählte Substratdicke ausreichend hoch?
- Wie ist die Besonnung des Dachs?
- Welche Möglichkeiten des Maschineneinsatzes (für Abtransport von Kies und Abladen des Dachsubstrates) sind gegeben?

Altes Garagendach

Ältere Garagendächer haben meist Randhöhen von 10 bis 15 Zentimeter Höhe, ausreichende Lastreserven, Gefälle von etwa 2 Prozent und Gullys in einer der Ecken des Daches. Sie eignen sich daher hervorragend für eine extensive oder naturnahe Begrünung in einschichtiger Bauweise. Ist der Rand für die gewünschte Substrathöhe zu niedrig, kann man ihn relativ einfach mittels aufgeschraubter Holzbalken bzw. Schwellen aus Lärchen- oder Eichenholz erhöhen oder mit Steinen aufmauern.

Vor der Begrünung sollte man auch überlegen, ob man den vorhandenen Regenwasserabfluss von der Einleitung in den Kanal trennt und stattdessen das abfließende Wasser in einer Tonne auffängt oder im Garten versickern lässt. So spart man die gesamte Abwassergebühr für die Dachfläche.

Auf der alten Bitumenbahn (»Dachpappe«) befindet sich meist eine Kiesschicht, die vor der Begrünung abgeräumt werden muss. Teile des Kieses kann man säubern und für den Kiesrand wiederverwenden. Den Rest kann man gegebenenfalls im Garten nutzen, z. B. zum Herstellen eines Sickerschachtes (Rigole).

Nach dem Abräumen säubert man die alte Dachhaut von grobem Schmutz, der nicht in die Entwässerung gelangen und diese verstopfen sollte. Eine Dichtigkeitsprüfung kann man sich in der Regel sparen, denn es sollte immer eine neue Folie als Dachhaut aufgelegt werden.

Ältere Dächer prüft man jedoch immer auf zügige Entwässerung und Unebenheiten. Dazu verstopft man den Abfluss und füllt mehrere Zentimeter Wasser auf. Danach öffnet man den Verschluss des Gullys und prüft dessen Durchgängigkeit. Das Wasser muss zügig abfließen, andernfalls muss man den Gully reinigen oder austauschen.

Dort, wo auf dem Dach Pfützen stehen bleiben, werden nach einer Begrünung auch die Pflanzenwurzeln ständig im Wasser stehen. Kleinere Pfützen bis etwa 2 Zentimeter Tiefe kann man tolerieren, denn das saugfähige Substrat wird das Wasser hier bald aufsaugen. Tiefere und größere Wasserlachen können jedoch die Vegetation schädigen, besonders wenn es sich um nährstoffreiches Substrat handelt. Deshalb ist ein grobkörniges und mageres Substrat an diesen Stellen besonders wichtig. Man schüttet es in die Senken, bevor man das nährstoffreichere Gemisch aufbringt. Auf einen zweischichtigen Aufbau mit Trennvlies kann man so meist verzichten.

Das Schutzvlies wird nicht an den Dachrändern hochgezogen, sondern nur plan aufgelegt. So kann bei hoher Luftfeuchte kein Kondenswasser unter das Vlies kriechen.

Die Dachbegrünungsfolie wird anschließend aufgelegt und an den Rändern in Höhe des geplanten Substrataufbaus hochgezogen. So kann man sie mit passenden Klemmschienen oder Aluminiumleisten befestigen und abdichten. Auf keinen Fall darf Wasser unter die Folie kriechen. Bei einem Rand aus Holzschwellen kann man dazu einfach ein weiteres Brett aufschrauben, sodass die Folie am Rand festgehalten und abgedeckt wird. Die Falten des Vlieses in den Ecken kann man wegschneiden, die der Folie schlägt man um, ohne die Folie zu beschädigen.

Anschließend wird der Gully mit einem passenden Kragen aus Kunststoff oder einem Stück aufgeklebter Folie eingedichtet. Besonders Vorsichtige machen erst noch eine Dichtigkeits- und Gefälleprüfung, indem sie den Gully verstopfen und das Dach bis zum Rand fluten. Nachdem das Wasser wieder abgelaufen ist, legt man das zweite Schutzvlies auf die Folie und lässt es an den Rändern ein wenig überhängen.

Danach wird ein Kiesrand zum angrenzenden Haus bzw. einer angrenzenden Garage etwa 50 Zentimeter breit und etwa 10 Zentimeter hoch aufgeschüttet. Weiterer Kies wird in eine Vliesbahn gerollt und um den Gully bzw. den Gullykorb (Kiesfang) herum gelegt (siehe Abbildung auf Seite 52). Anschließend deckt man den Gully mitsamt Korb mit einem umgedrehten Eimer oder einem Stück Vliesrest ab, damit er nicht mit Substrat verschmutzt wird. Danach kann das passende Pflanzsubstrat auf das Dach gebracht und verteilt werden. Der bekieste Rand wird freigelassen, die Ringdränage um den Gully sollte man mit etwas grobem Kies bedecken, damit das Vlies unsichtbar wird und vor UV-Licht geschützt ist.

Tipp *Solange noch kein Schutzvlies auf der neuen Folie liegt, müssen Sie besonders darauf achten, dass die Folie nicht durch Steinchen in den Schuhsohlen, spitze Gegenstände wie Nägel und Schrauben, Werkzeuge u. a. beschädigt wird!*

Die Arbeitsschritte fürs Garagendach im Einzelnen

- Kies abräumen und Dachhaut grob säubern.
- Dach fluten und säubern, dabei Abfluss prüfen, gegebenenfalls säubern oder erneuern.
- Randhöhe (Attika) an gewünschte Substrathöhe anpassen.
- Unebenheiten feststellen und gegebenenfalls ausgleichen.
- Trennvlies auflegen. An den Rändern abschneiden.
- Neue Dachfolie auflegen und an den Rändern hochziehen und befestigen.
- Oberes Schutzvlies auf die Dachfolie auflegen, an den Rändern abschneiden.
- Kiesstreifen und Dränage vor der Entwässerung herstellen.
- Substrat zum Bepflanzen aufbringen.

Neues Carportdach mit grünem Dach

Bei einem neuen Dach lässt man die vorgesehene Bitumenbahn auf der Dachschalung (Rauspund, Profilholz) weg und passt gegebenenfalls die Höhe des Dachrandes an die gewünschte Substrathöhe an. Einfache Bretter als Blende müssen vorher aufgedoppelt und stabilisiert werden, denn das Substrat drückt mit seinem Gewicht von innen dagegen.

An der Traufe muss man die vorgesehene Entwässerung auf ihre Eignung für die Begrünung überprüfen und bei Bedarf nach eigenen Vorstellungen abändern. Sinnvoll sind Eckgullys oder die Entwässerung durch ein Gitter (Kiesfang) in eine Regenrinne an der Traufe.

Dann überprüft man die Dachschalung auf überstehende Nägel und andere spitze Unebenheiten, die der Dachhaut schaden könnten.

Jetzt kann das untere Schutzvlies aufgelegt werden, darüber legt man die Folie. Die Folie wird nun an den Dachrändern hochgezogen, befestigt und sauber abgeschnitten. Rund um die Gullys werden Vlies und Folie ausgeschnitten und mit Folie oder passenden Kragen für die Gullys eingedichtet.

Im Falle einer Traufentwässerung lässt man das obere Schutzvlies, das auf die Folie aufgelegt wird, etwa 120 Zentimeter über den Rand hängen. Man schüttet einen Streifen Kies an den Rand, schlägt das

Vlies wieder zurück und deckt den Kies damit ab. Auf diese Weise entsteht am Dachrand eine Dränage, die von den Pflanzen nicht bewachsen wird. Sie leitet das Wasser zur Rinne und schützt das Entwässerungsgitter vor der Dachrinne vor Verschmutzung (siehe Seite 52).

Auf das obere Schutzvlies kann nun das Substrat geschüttet und begrünt werden. Den in Vlies gewickelten Kiesstreifen deckt man mit etwas grobem Kies ab, damit das Vlies unsichtbar und vor UV-Licht geschützt wird.

Kleines Mülltonnenhaus

Das Flachdach einer Mülltonnenbox lässt sich besonders einfach begrünen, denn hier ist alles gut erreichbar und man muss nicht auf dem Dach herumklettern.

Es gibt Mülltonnenboxen, die bereits zur Begrünung vorbereitete Dächer haben (meist aus Edelstahl oder verzinktem Stahlblech). Hier braucht man nichts weiter zu tun, als ein Vlies einzulegen, das Substrat bis zum Rand aufzuschütten und das Dach zu begrünen.

Haben Sie jedoch eine Mülltonnenbox, die nicht für eine Begrünung vorgesehen ist, müssen Sie selbst den passenden Rand, die Entwässerung und die Dachdichtung bauen. Hier hat man die Wahl zwischen rostfreien, L-förmigen Metallwinkeln und wasserresistenten Hölzern (Lärche, Eiche) als Umrandung.

Ist das Dach der Box aus Beton, müssen Sie nur einen Dachrand herstellen, indem Sie die passenden Kanthölzer mittels Metallwinkeln aufdübeln (bei Beton). Für die Entwässerung lässt man zwischen Betondach und Kantholz 5 Millimeter Abstand oder man sägt bzw. bohrt in eines der Kanthölzer kammartig Aussparungen bzw. Löcher, sodass hier überschüssiges Regenwasser abfließen kann. Diese Seite sollte entweder die sein, zu der das Wasser von selbst hinfließt (bei leichtem Gefälle), oder die, an der das ablaufende Wasser niemanden stört (auf der Rückseite oder einer Schmalseite der Box).

Entscheidet man sich für eine Kante aus rostfreien L-Profilen (Alu, Edelstahl), kann man den Abfluss gewährleisten, indem man eine der L-Schienen auf etwa 5 Millimeter hohe Distanzstücke setzt. Oder man verwendet hier eine Gitterschiene oder ein Lochblech. Bei kleinen Mülltonnenboxen reicht es auch, wenn man eine Ecke des selbst gebauten Randes mit Aussparungen versieht.

In die so entstehende Wanne wird jetzt nur noch ein Stück Vlies gelegt und an den Rändern hochgeschlagen. Dort hinein füllt man das körnige Pflanzsubstrat.

Eine Mülltonnenbox mit Holzdach muss mit einer Folie abgedichtet werden. Raue Dachoberseiten deckt man erst mit einem Vlies ab, darüber legt man anschließend die Teichfolie. Wählt man wasserresistentes Holz (Eiche, Lärche) oder rostfreies Metall als Umrandung, braucht man die Folie nicht am inneren Rand hochzuschlagen. Man legt sie flach aus und schraubt die Randbefestigung hindurch. Dort, wo das Wasser abfließen soll, sägt man vor der Montage kammartige Aussparungen in die unteren Drittel des Dachrandes. Möglich ist es auch hier, die Umrandung auf Distanzhalter zu schrauben oder in einer Ecke eine Abflussmöglichkeit auszusparen. Etwas flexible (zur Folie chemisch passende) Dichtmasse unter den Schraubenköpfen verhindert, dass Feuchtigkeit an das Holzdach gerät.

An der Traufe oder Ecke kann man die Folie etwas überhängen lassen, damit kein abfließendes Wasser an der Wand der Müllbox herunterrinnt.

Zuletzt schlägt man den Pflanzkasten bis zum Rand mit einem Vlies aus und füllt ihn mit dem gewählten Substrat auf. Vor dem Begrünen wird das Vlies am Rand sauber abgeschnitten.

Tipp *Für kleine Mülltonnenboxen mit Extensivbegrünung ist eine Teichfolie von 0,5 Millimeter Dicke als Dachdichtung völlig ausreichend. Auch das Vlies darf hier dünner ausfallen. Da sich die Box recht einfach wieder neu begrünen lässt, kann man hier auch mit Materialresten und eigenen Substratmischungen experimentieren und erste Erfahrungen für die Dachbegrünung sammeln (siehe Seite 125).*

Geneigte Dächer begrünen

Geneigte Dächer von 4 bis etwa 10 Grad Dachneigung lassen sich relativ einfach begrünen. Besondere Aufmerksamkeit muss bei den vorbereitenden Arbeiten dem Dachrand, besonders an der Traufe (Tropfrand des Daches), geschenkt werden, denn auf ihm ruht eine große Last. Vorhandene Blenden und deren Befestigungen am Rand des Daches müssen deshalb immer verstärkt oder durch stabilere Konstruktionen ersetzt werden. Bei der Planung muss außerdem die Entwässerung berücksichtigt werden: Bei Seitenlängen bis etwa 5 Meter kommt man noch mit zwei Gullys an den Ecken und einer Kiesdränage dazwischen aus. Längere Traufseiten sollten jedoch mittels Durchlässen bzw. eines Kiesfanges und einer Dachrinne auf ganzer Länge entwässert werden.

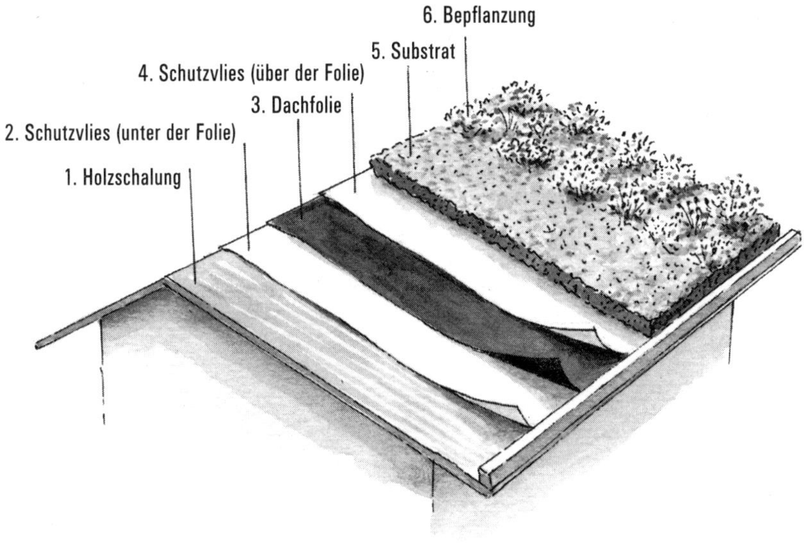

Schichtaufbau der Begrünung flacher und geneigter Dächer

Das mit Rauspund (oder bereits mit einer Bitumenbahn) eingedeckte Dach wird mit einem Schutzvlies abgedeckt. Die Bahnen des unteren Schutzvlieses kann man sowohl quer als auch parallel zum Gefälle legen. An den Stößen lässt man sie etwa 10 Zentimeter überlappen.

Auf das Schutzvlies kommt die Dachfolie, die man an den Dachrändern hochschlägt. Um die Gullys herum wird sie eingedichtet.

Bei einer Entwässerung durch Aussparungen im Traufbalken oder ein Metallgitter endet die Folie vor den Durchlässen. Läuft das Dachwasser unter dem Traufbalken entlang in die Dachrinne, lässt man die Folie bis in die Dachrinne hängen.

Über die Folie legt man anschließend ein weiteres Vlies bzw. mehrere Vliesbahnen, quer zum Gefälle, von unten nach oben auf. Auf die unterste, überstehende Vliesbahn an der Traufe schüttet man Kies und schlägt das überstehende Vlies darüber. Die Vliespackung wird wiederum mit Kies abgedeckt. Anschließend bringt man das Substrat von unten nach oben(!) auf. Es muss dann möglichst bald begrünt werden, damit es durch die Pflanzenwurzeln stabilisiert wird. (Ein Beispiel für die Begrünung finden Sie auf Seite 114.)

Bei größerer Dachneigung (10 bis 15 Grad) begrünt man das Dach am besten direkt mit Grassoden und Initialpflanzen (siehe Seite 87) oder man legt statt des oberen Schutzvlieses eine spezielle Krallmatte aus. Diese verhindert, dass das Substrat ins Rutschen kommt, bevor es von den Pflanzenwurzeln stabilisiert wird (siehe Seite 57). Neigungen über 15 Grad müssen mit Schubschwellen abgefangen werden. Mehr dazu auf Seite 75.

Tipp *Suchen Sie sich einen windstillen Tag für das Vorbereiten des Daches aus, damit der Wind nicht die Vliesbahnen vom Dach weht.*

Kleines Vordach

Ein schwach geneigtes Vordach, zum Beispiel über einer Haustür, kann man gut von der Leiter aus begrünen. Bei den Vorbereitungen gilt dem Anschluss an das Haus besondere Aufmerksamkeit. Damit kein Wasser aus dem feuchten Substrat an der Hauswand hochzieht, muss man die Dachfolie entsprechend hochschlagen, mit einer geeigneten Schiene befestigen und zur Wand hin abdichten. Welches das geeignete Material ist, hängt dabei vom Folienmaterial und von der Fassadengestaltung ab.

An den beiden Längsseiten erhöht man den Rand des Vordaches. An der Traufe eines Pultdachs empfiehlt sich eine kleine kastenförmige Dachrinne, damit nichts auf Untenstehende tropft. Ein Satteldach kann ohne Entwässerung auskommen, wenn die Traufen über einem Beet enden.

Will man das Vordach erst noch bauen, kann man es mit 2 Prozent Gefälle zu einer Ecke anbringen, sodass man es über einen Gully mit kurzem Rohrstück und Wasserspeier oder über eine Kette entwässern kann.

Für kleine bzw. kurze Vordächer bis etwa 2 Meter Länge mit einer Neigung bis maximal 15 Grad braucht man keine spezielle Krallmatte. Je kürzer ein Dach ist, desto geringer sind die Schubkräfte des Substrates und desto weniger kann abrutschen.

Tipp *Bei größeren und steilen Vordächern legt man statt des oberen Schutzvlieses eine Krallmatte auf die Folie. Anstelle der Matte kann aber auch ein grobes Jutegewebe unter die Substratschicht gelegt werden. Es verhindert durch seine Rauigkeit das Abrutschen des Substrats und verrottet später, wenn die Pflanzenwurzeln das Substrat festhalten.*

Pultdach eines Gartenhauses

Kleine Gartenhäuschen mit Pultdach haben meist ein Dach aus Nut- und Federbrettern, das gerade so in der Lage ist, die Dachpappe und die anfallende Schneelast zu tragen.

Man kann sie in der Regel von einer Leiter oder einem Gerüst aus begrünen und muss nicht hinaufsteigen. Für eine Begrünung muss man sie meist verstärken, damit sie die Last des Substrates und der Bepflanzung aufnehmen können. Dazu zieht man an der Dachunterseite einen oder mehrere Balken in Längs- oder Querrichtung ein. Je nach Länge des Daches braucht man einen oder mehrere zusätzliche Pfosten und Tragbalken, die man innerhalb des Hauses gut gründen muss. Bei dieser Gelegenheit lohnt es, sich gleichzeitig über die innere Aufteilung der Hütte, die Gerätehalterungen, weitere Regale etc. Gedanken zu machen.

Hat das Hüttendach an den Seiten viel Überstand, ist es oftmals nicht in der Lage, die Last des Dachrandes und der Begrünung zu tragen. Man kann es einkürzen oder die Tragbalken verlängern und mit zusätzlichen Stützen abfangen. Sind viele Veränderungen nötig, kann man gegebenenfalls ein ganz neues Dach bauen. Es muss aber auch von den Pfosten bzw. Wänden des Gartenhauses getragen werden können.

Die vorhandene Bitumenbahn kann man auf dem Dach lassen oder auch zur Gewichtsreduktion entfernen. Anschließend wird ein Dachrand in der gewünschten Höhe aufgeschraubt, wobei er an der Traufe Aussparungen für den Wasserabfluss benötigt. Da das Gefälle in der Regel zur Rückwand des Gartenhauses zeigt, ist die Entwässerung vom Standort des Häuschens abhängig. Befindet sich dahinter ein Beet oder Rasen, kann man das Wasser dorthin ablaufen lassen, sofern der Dachüberstand groß genug ist und das Wasser nicht an der Rückwand der Hütte herunterrinnt. Steht das Häuschen jedoch an eine Hauswand oder Mauer gelehnt, muss das Wasser mittels einer kleinen Dachrinne oder über eine Dachecke gezielt abgeführt werden.

Nach der Herstellung des Dachrandes und der Entwässerung legt man ein Schutzvlies aus, darüber die Folie (auch hier reicht in der Regel eine Teichfolie von 0,5 Millimeter Dicke). Dann wird die Folie an die Entwässerung angepasst und mit einem weiteren Vlies abgedeckt. Bei größeren Dachflächen und viel Niederschlag sollte man auch hier eine Kiesdränage vor der Entwässerung einbauen (siehe Seite 70), bevor man das Pflanzsubstrat einfüllt.

Unterstand mit Welleternit

Ältere Gartenhütten oder Unterstände haben oftmals ein leichtes Dach aus wellenförmigen Faserzementplatten (Eternit, siehe dazu Seite 74). Hier sind nur sehr geringe Substratschichten möglich, je nach Tiefe der Wellentäler im Profil. In der Regel braucht man keine Folie, sondern legt nur ein Vlies oder ein dickes Jutegewebe auf. Beides stellt eine Rutschsicherung für das Substrat und einen Wurzelgrund für die Pflanzen dar. Die Wellenberge werden lediglich von der Vliesbahn und im Schatten auch von Moosen bedeckt. In die Wellentäler kann man ein mageres Dachsubstrat schütten. In der Sonne gedeihen hier *Sedum*- und *Sempervivum*-Arten, im Schatten fühlen sich Moose sehr wohl.

Ob man eine Eternitwelle begrünen kann, hängt davon ab, welche Maße die Abstände, Längen und Querschnitte der Dachsparren unter dem Dach haben. Fragen Sie also erst einen Zimmermann oder Statiker, welche Dachlasten er der Konstruktion zutraut bzw. welche baulichen Veränderungen nötig sind, um die Dachlast zu erhöhen. Die notwendige Dachlast hängt dabei natürlich auch davon ab, ob Sie das Dach zum Begrünen betreten müssen oder alles von einer Leiter bzw. einem Gerüst aus erledigen können.

Ist das Dach statisch ausreichend und hat es eine Neigung über 10 Grad, sollten Sie den Rand an der Traufseite erhöhen, damit das Substrat nicht abrutscht. Dazu legt man einen Balken oder ein Rundholz auf die Welle und befestigt ihn an der Dachkonstruktion (nicht an den Eternitplatten!). Vor dem Balken schlägt man das Vlies oder Jutegewebe hoch. Dahinter schüttet man etwas Kies in die Wellentäler, sodass eine Dränage vor der Dachrinne entsteht.

Tipp *Welleternitdächer in Schattenlage lassen sich auch begrünen, indem man einfach ein dickes Vlies auflegt und an den Dachrändern beschwert, festklemmt oder mit dauerelastischem Kleber festklebt. Darauf streut man etwas Sand oder Dachsubstrat und legt Moosstücke auf, die man anfangs bei Trockenheit etwas befeuchtet.*

Umgang mit Eternit (und anderen Faserzementmaterialien)

Faserzementplatten enthielten bis in die 1990er-Jahre Asbestfasern. Die lungengängigen und stark krebserregenden Fasern sind inzwischen verboten. Seit 1993 enthalten Faserzementplatten für Dacheindeckungen andere mineralische Fasern und sind an der Kennzeichnung »AF« zu erkennen. Die darin enthaltenen Fasern sollen nach heutigem Kenntnisstand gesundheitlich unbedenklich sein, gesicherte Kenntnisse liegen uns dazu aber nicht vor.
In den Faserzementplatten älteren Datums sind die Asbestfasern relativ fest eingebunden. Werden die Platten jedoch verbotenerweise bearbeitet (druckreinigen, bohren, sägen …), werden die Asbestfasern frei. Sie können eingeatmet werden und die Gesundheit gefährden. Sollten Sie sich nicht sicher sein, wie alt Ihre Dacheindeckung ist, und ist nicht durch den »AF«-Stempel eindeutig zu erkennen, dass die Platten asbestfrei sind, ist äußerste Vorsicht geboten! (Mehr über den Umgang mit asbesthaltigen Eternitplatten finden Sie auf Seite 164.)
Die Gesundheitsbelastung durch die in Platten neueren Datums enthaltenen Fasern können wir nicht beurteilen. Daher empfehlen wir, auch nach 1993 hergestellte Faserzementplatten nicht anzubohren, wenn eine Schubsicherung befestigt werden muss. Zum Abräumen einer alten Pflanz- und Erdschicht auf dem Eternit-Dach sollten Sie außerdem immer eine Feinstaub-Filtermaske (Schutzmaske P2) tragen. Feuchtes Wetter oder vorheriges Beregnen ist Voraussetzung, da dann wesentlich weniger Fasern herumfliegen.

Steile Dächer begrünen

Steildächer ab 15 Grad bis 30 Grad Neigung benötigen immer eine Schubsicherung, damit das Substrat nicht vom Dach rutscht. Wassergesättigtes Substrat ohne ausreichende Durchwurzelung und ohne Vegetation kann hohe Schubkräfte entwickeln. Neigungen über 30 Grad sollte man als Laie nicht begrünen, da hier besondere Vorsichtsmaßnahmen getroffen werden müssen.

Es gibt zwei Möglichkeiten, Schubschwellen einzubauen: unter und über der Dachdichtung.

Beim Einbau unter der Dachdichtung sind die Schubschwellen vor Nässe geschützt und genauso lange haltbar wie die Dachkonstruktion. Das Auflegen des Vlieses und anschließend der relativ steifen Dachbegrünungsfolie ist allerdings nicht ganz einfach. Bei Verwendung von Kanthölzern wird die Folie zudem an den Kanten stark belastet. Ein untergelegtes Schutzvlies ist deshalb unbedingt notwendig. Trapezförmige Schubschwellen oder halbrunde Hölzer sind darüber hinaus für die Folie schonender.

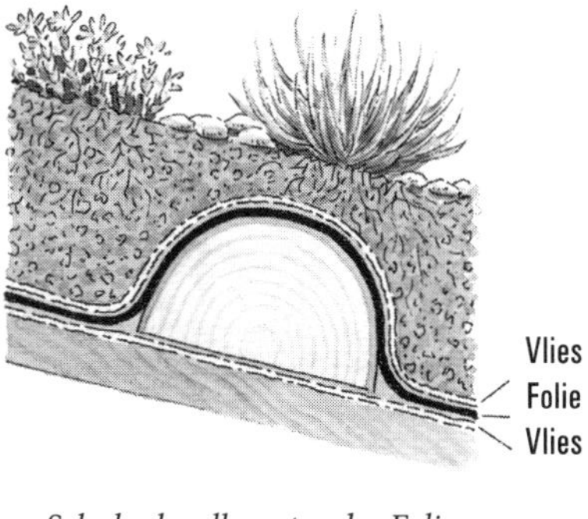

Schubschwelle unter der Folie

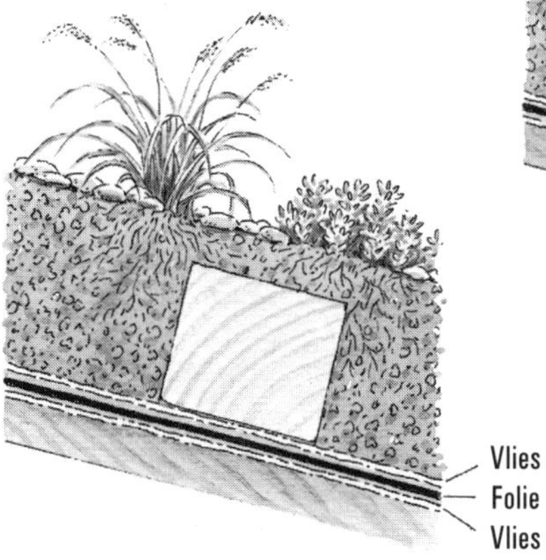

Schubschwelle über der Folie

Einfacher ist eine Schubschwellenkonstruktion, die auf ein Schutzvlies auf der Folie verlegt wird. Da man nicht durch die Folie hindurch schrauben kann, werden dazu Dachlatten in Längsrichtung auf das Vlies über der Dachfolie gelegt. Darauf wird waagrecht eine Konterlattung aufgeschraubt, sodass ein Gitter entsteht. Die Latten liegen auf der oberen Vlieslage auf und stützen sich an der Randschwelle bzw. dem vorderen Dachrand ab, der entsprechend stabil sein muss.

Bei Satteldächern kann man beide Schubgitter am First mittels nichtrostenden Stahlbändern und Schrauben verbinden, sodass die punktuelle Schubkraft auf die vordere Dachkante gemindert wird. (Auf dem Dachrand lastet dennoch eine der Dachneigung entsprechende anteilige Last des gesamten Substrates.)

In die entstehenden Gefache wird dann das Dachsubstrat von unten nach oben geschüttet. Sind beide Schubgitter am First eines Satteldachs verbunden, muss man beide Dachhälften symmetrisch füllen, um die Lasten gleichmäßig zu verteilen.

Bei Verwendung üblicher ungehobelter Dachlatten entstehen Gefache von etwa 5 Zentimeter Randhöhe (eine Dachlatte ist etwa 24 Mil-

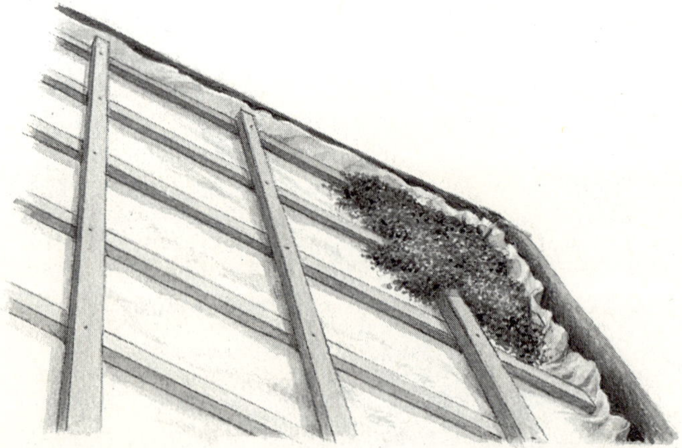

Aus Dachlatten kann eine Gitterkonstruktion gebaut werden, die auf Schutzvlies und Folie aufgelegt wird. Das Substrat wird dann in die Gefache eingefüllt (von unten nach oben) und ist so vor dem Abrutschen gesichert.

limeter dick). Für höhere Substratschichten verwendet man entweder dickere Querlatten oder schraubt mehrere Latten aufeinander.

Der Abstand der Querlatten zueinander richtet sich nach der Dachneigung. Je steiler das Dach, desto enger sollten die Latten liegen. Abstände von 40 bis 60 Zentimeter sind in der Regel ausreichend.

Der Abstand der Längslatten richtet sich nach der Länge und Stärke der verwendeten Querlatten und der Dachbreite. Er kann weiter ausfallen und ungefähr 1 bis 1,5 Meter betragen.

Da das Holz mit dem Substrat in direkten Kontakt kommt, wird es nach einiger Zeit beginnen, zu verrotten. Das ist jedoch kein Problem, wenn die Dachvegetation gut gedeiht und das Substrat vollständig durchwurzelt. Die Wurzeln sorgen dann für die notwendige Stabilität. Zur Verlängerung der Haltbarkeit darf man das Holz keinesfalls imprägnieren, da die Biozide die Mikroorganismen im Substrat und die Pflanzenwurzeln schädigen. Statt einfacher unbehandelter Dachlatten aus Fichtenholz kann man auch relativ leichtes, aber wesentlich dauerhafteres Lärchenholz oder Latten aus Recycling-Kunststoff verwenden.

Eine zusätzliche Krallmatte anstelle des Schutzvlieses unter den Schubschwellen kann ab einer Dachneigung über 25 Grad hilfreich sein. Bei sehr steilen Dächern ab einer Neigung von 40 Grad kann selbst dies zu wenig sein. Je steiler ein Dach ist, desto mehr Schubschwellen müssen eingebaut werden, doch muss man immer auch an die zulässigen Dachlasten denken. Statt geschütteter Dachsubstrate sollte man dann auf eine Begrünung mit Grassoden zurückgreifen. Die Begrünung sollte in diesen Fällen aber immer von kompetenten Fachleuten ausgeführt werden.

Neues Gartenhaus mit Satteldach

In diesem Beispiel soll ein neues Gartenhaus mit einem Satteldach von etwa 25 Grad Neigung aufgestellt und mit Grassoden begrünt werden. Die Dachschalung besteht aus Brettern. Die zulässigen Dachlasten sind ausreichend für etwa 8 Zentimeter Substrataufbau und eine naturnahe Extensivbegrünung. Als Schubschwellen werden ungehobelte Dachlatten von 24 × 48 Millimeter Stärke verwendet.

Zunächst passt man die gewünschte Entwässerung (Gully, Traufblech) an und erhöht die Dachkante auf 8 bis 10 Zentimeter. An den Traufen muss die Kante so verstärkt werden, dass sich die Längslatten darauf abstützen können. Ist dies nicht möglich, wird ein zusätzlicher Traufbalken aufgelegt und befestigt. Dabei müssen die Eckgullys frei bleiben.

Nachdem Dachrand und Entwässerung fertig sind, wird die erste Vlieslage auf die Dachschalung gelegt. Darauf kommt die Folie. Sie wird an den Rändern hochgezogen und an der Entwässerung eingedichtet. Darauf wird das Schutzvlies gelegt und mit den zugeschnittenen Längslatten beschwert. Nach dem Ausrichten der Längslatten werden je zwei Querlatten übereinandergelegt und auf die Längslatten geschraubt. So ergeben sich Gefache von 72 Millimeter Höhe.

Sind beide Dachhälften mit Schubschwellen ausgestattet, verbindet man die beiden Konstruktionen am First straff miteinander. Dazu eignen sich stabile Gurte oder rostfreie Lochbänder und Schrauben (verzinkt oder aus Edelstahl). Den First kann man zusätzlich mit einem geknickten Blech oder zwei Holzbrettern abdecken, denn auf dem First wird auf Dauer nichts wachsen, weil es hier zu trocken und zu windig ist.

Das Substrat füllt man am besten in zwei Schichten ein: Die erste Schicht wird in etwa 3 Zentimeter Höhe von unten nach oben aufgetragen, denn vom Giebel beginnend, rutschen bei sehr steilen Dächern die ersten 24 Millimeter Substratauflage zwischen den Querlatten hindurch nach unten. Außerdem kann man bei begehbaren Steildächern nur solange auf den Querlatten stehen, wie diese noch aus dem Substrat herausschauen. Am Giebel angekommen, füllt man das restliche Substrat bis etwa 1 Zentimeter über die Schubschwellen von oben nach unten auf, legt die Grassoden aus und pflanzt dabei auch gleich die Initialstauden ein (siehe Seite 36).

Bei kurzen Dächern kann man die Arbeiten von einer Leiter oder einem Gerüst aus bewerkstelligen. Bei längeren Dachhälften wird man das Dach betreten müssen. Die Schubsicherung ist da eine gute Hilfe, sie muss aber auch in sich stabil genug dafür sein. Besonders der Balken an der Traufe muss das Gewicht eines Menschen auf dem Dach tragen können!

Altes Gartenhaus mit steilem Gras- und Kräuterdach

Hier soll ein altes, aber sehr stabiles Gartenhaus begrünt werden. Da das Dach sehr steil ist, sollen Grassoden aus dem Garten abgestochen und auf das Dach gelegt werden. Die Lastreserven lassen eine Schichtdicke von etwa 15 Zentimeter Erde ohne Weiteres zu. In diesem Fall werden die Schubschwellen unter der Folie befestigt (siehe Abbildung auf Seite 75). Man kann die Schubsicherung aber auch über der Folie als Gitter mit Konterlattung anbringen (siehe Abbildung auf Seite 76).

Zunächst werden die Dachränder an die Höhe der Begrünung und an die Schubkräfte an der Traufe angepasst. Anschließend werden auf die alte Dachpappe vorgebohrte runde Hölzer (z. B. Bohnenstangen) oder halbrunde Hölzer (z. B. Querriegel für den Zaunbau) von etwa 35 Millimeter Dicke durch die Dachschalung hindurch auf die Dachsparren darunter geschraubt. Der Abstand der Schubschwellen vom First bzw. untereinander sollte nicht mehr als 40 Zentimeter betragen.

Anschließend wird ein Schutzvlies über die Schubschwellen gelegt, darauf kommt die Dachfolie. Die Folie darf nicht stramm liegen, sondern muss überall den Rundungen der Schubschwellen folgen! Das funktioniert nur an warmen Tagen bzw. bei Sonne, wenn die Folie geschmeidig ist. Sie wird an den Kanten hochgeschlagen und an die Entwässerung angepasst.

Auf die Folie wird das zweite Vlies gelegt. An der Traufe lässt man es etwa 120 Zentimeter überhängen, schüttet einen Streifen Kies hinter den Dachrand und schlägt das Vlies darüber. Dann beginnt man mit dem Aufschütten des gewählten Dachsubstrates, einer Mischung aus Erde und mineralischem Schüttgut (z. B. vulkanischer Bims). Man beginnt an der Traufe und füllt die erste Querrinne zwischen den Schubschwellen auf. So arbeitet man sich von unten nach oben bis zum Giebel vor. Beim späteren Auflegen der Grassoden in Querreihen arbeitet man von oben nach unten. Lücken werden zur gleichen Zeit mit Initialstauden bepflanzt.

Tipp *Ist das Dach vollständig bepflanzt, muss es so lange beregnet werden, bis das Wasser an der Entwässerung austritt.*

Die passenden Begrünungstechniken

Ist das Dach soweit vorbereitet, sollte es auch möglichst bald ans Begrünen gehen, damit das Substrat gesichert ist. Bevor das Substrat auf das Dach aufgebracht wird, muss die Begrünungsmethode bereits feststehen. Daher hat man das Saatgut, die Sprossen, die Kleintopfstauden oder die Rasensoden nun bereitliegen.

Möchte man sich die Arbeit auf zwei Tage verteilen, wird am ersten Tag das Vlies aufgelegt und direkt mit dem Substrat bedeckt, damit es nicht wegfliegt. Dazu sollte es möglichst windstill sein. Man kann das Substrat aber auch leicht anfeuchten, damit es nicht staubt. Alle Dekorationselemente und Tierquartiere werden möglichst vor dem Begrünen eingebaut und gut gesichert.

Sicherung der Begrünung mit Gemüsevlies

Eine Auflage mit Gemüsevlies schützt nach einer Einsaat oder Sprossenbegrünung die kleinen Pflänzchen in den folgenden 4 bis 6 bzw. 2 bis 3 Wochen. Das dünne weiße Material schützt vor intensiver Sonnenstrahlung, aber auch vor Nachtfrösten bei klarem Himmel. Es verhindert, dass Samen oder Sprossen vor dem Einwurzeln durch Wind davongetragen oder von Vögeln ausgescharrt werden. Es schützt die oberste Substratschicht vor dem Austrocknen durch Wind und Sonne. Es fängt sogar Luftfeuchte in der Nacht und bei Nebel ein und gibt sie in Form von Tropfen an das Substrat ab. Auch bei der Begrünung mit Kleintopfstauden und Grassoden kann man diese Methode anwenden. Man entfernt das Vlies erst, wenn man beobachtet, dass die Keimlinge der Samen das Vlies anheben. Sedumsprossen können das Vlies auch bewurzeln, was ebenfalls nicht erwünscht ist. Bleiben einige Pflänzchen am Vlies beim Entfernen hängen, kann man sie vorsichtig ablösen und wieder ins Substrat stecken.

Mit Stauden bepflanzte Dächer brauchen kein Vlies. Will man es zur Sicherheit dennoch verwenden, sollte man es spätestens nach 2 Wochen wieder entfernen.

Anschließend bzw. am nächsten Tag erfolgen die Begrünung und die Bewässerung. Letztere dient nicht nur den Pflanzen, sondern auch der Substratsicherung, denn nasses Substrat ist schwerer und haftet aneinander. Die Arbeitsschritte Begrünen und Bewässern sollten deshalb an einem Tag geplant und ausgeführt werden. Ist eine Abdeckung mit einem Gemüsevlies vorgesehen, spannt man es nach der ersten Bewässerung über das Dach und beregnet die nächsten Tage bzw. Wochen durch das Vlies hindurch.

Bei steilen Dächern arbeitet man immer vom Giebel zur Traufe. Bei begehbaren Dächern arbeitet man rückwärtsgehend zur Leiter. Es ist sinnvoll, alle benötigten Materialien und Geräte in Eimern auf dem Dach zu verteilen, sodass man nicht auf begrünte Flächen treten muss. Größere begehbare Dächer kann man auch von vornherein so gestalten, dass schmale Wege frei von Pflanzen bleiben, sodass man sie anschließend auch für die Pflege betreten kann.

Begrünen mit Saatgut

Saatgut wird am besten mit etwas feuchtem lehmigen Sand oder Bentonit-Granulat in einem Eimer mit der Hand gemischt und an einem windstillen Tag auf das Dach gestreut. Gleichmäßiger wird die Aussaat, wenn man einmal in Längs- und ein weiteres Mal in Querrichtung streut. Anschließend sollte man noch etwas Substratmischung oder Kompost aufstreuen, sodass die Samen maximal 1 Zentimeter bedeckt sind. Danach wird das Dach durchdringend gewässert, damit die Samen zusammen mit dem Kompost in das Substrat eingespült werden. Man verwendet dazu die Einstellung »Landregen« oder eine ähnliche sanfte Brause. Ein starker Strahl würde dazu führen, dass Substrat heruntergeschwemmt würde!

Wer ein Gemüsevlies verwenden möchte, legt es anschließend auf und befestigt bzw. beschwert es an den Dachrändern. Dann wird das Dach regelmäßig durch das Gemüsevlies hindurch beregnet.

Begrünen mit Sprossen

Beim Sprossenstreuen geht man ganz ähnlich vor wie beim Säen. Die Sprossen werden von Hand auf dem Dach verteilt und anschließend mit etwas Substratmischung oder Kompost maximal 1 Zentimeter hoch bedeckt. Dann wird das Dach so lange sanft beregnet, bis Wasser an der Traufe bzw. im Gully austritt. Anschließend sollte man immer ein Gemüsevlies darüberdecken, denn es verhindert, dass die Sprossen austrocknen, von Vögeln ausgescharrt und hinweg geweht werden.

Bepflanzen mit Stauden und Zwerggehölzen

Vor dem Bepflanzen werden die Topfballen einige Stunden bzw. über Nacht gut gewässert. So lassen sie sich leichter aus dem Topf lösen und die Wurzeln haben bessere Startbedingungen (siehe Seite 83). Bevor man sie auf das Dach bringt, sollten sie etwas abtropfen.

Zum Pflanzen im körnigen Dachsubstrat sollte man unbedingt feste Handschuhe tragen (z. B. gummierte Gewebehandschuhe). Da man meist im Knien arbeitet, empfehlen sich hier auch Knieschoner, wie sie von Fliesenlegern getragen werden. Als Werkzeuge eignen sich stabile Handschaufeln oder Maurerkellen. Die Pflanzlöcher werden hier nicht gegraben, wie im Garten, sondern das körnige Substrat wird weggeschoben und anschließend wieder geglättet. Welches Werkzeug sich dafür eignet und gut in der Hand liegt, probiert man am besten erst aus. Es darf jedoch auf keinen Fall spitze bzw. scharfe Ecken und Kanten haben, damit die Dachhaut nicht beschädigt wird. Außerdem braucht man noch zwei leere Eimer, einen zum Aufnehmen entfernter Wurzeln und Unkräuter, der andere zum Sammeln der leeren Pflanztöpfe.

Beim Bepflanzen eines begehbaren Daches mit Zwerggehölzen sollte man mit der Dekoration und den Gehölzen gemeinsam beginnen. Die Gehölze werden zuerst in die von Steinen oder Holzstücken begrenzten Substrathügel gepflanzt. Dazu nimmt man einen Eimer Kompost mit und gibt jedem Gehölz eine Schaufel extra ins Pflanzloch. Dann wird das Dach mit Steinen und Holzstücken, nach Wunsch auch ausgewählte Flächen mit einer dünnen Schicht Kalksplitt, dekoriert. Die Tierquartiere werden aufgestellt und befestigt bzw. beschwert.

Topfballen richtig pflanzen

Vor dem Pflanzen sollten sich Topfballen voll Wasser saugen können. Man stellt sie dazu einige Stunden oder über Nacht in flache Wannen oder Eimer mit Wasser. Es reicht, wenn der Wasserspiegel nach dem Einstellen der Töpfe einige Zentimeter hoch ist.

Zum Austopfen drückt man den Topf leicht zusammen und entfernt alle unerwünschten Gräser und Kräuter, die sich auf dem Topfballen angesiedelt haben. Dann dreht man den Topf um und entfernt Wurzeln, die aus dem Entwässerungsloch herausschauen. Dann löst man den Ballen vorsichtig aus dem Topf, indem man ihn umgedreht leicht schüttelt oder den Topfrand auf den Eimerrand stößt. Kräftige Stauden und Kleingehölze kann man auch leicht herausziehen, jedoch ohne etwas abzureißen.

Der nackte Ballen wird anschließend in das Pflanzloch so tief gesetzt, wie er auch im Topf stand. Das Substrat wird dann von den Seiten her wieder beigeschoben und geglättet.

Steine, Holzstücke und Tierquartiere sollten immer einige Zentimeter tief in das Substrat gebettet und nicht nur obenauf gestellt werden. Das sieht natürlicher aus und ist zudem auch sicherer.

Hat man sich das Arrangement in Ruhe von allen Perspektiven angeschaut, kann man die Kisten mit den Stauden auf das Dach stellen. Die verschiedenen Arten werden nun in ihren Töpfen an die vorgesehenen Stellen platziert. Anordnungen in Gruppen von drei oder fünf Pflanzen sehen besonders natürlich aus. Die empfohlenen Pflanzabstände von 15 Zentimeter für sehr kleine und 25 Zentimeter für größere Stauden sollten dabei unbedingt eingehalten werden. Man betrachtet das vorläufige Arrangement wiederum erst aus allen möglichen Blickwinkeln und korrigiert es nach Bedarf. Dann erst werden die Pflanzen an Ort und Stelle rückwärts zur Leiter hin arbeitend ausgetopft und eingepflanzt. Die Wurzelballen werden immer vorher über einem Eimer von Unkraut gesäubert und erst dann eingepflanzt. Die leeren Töpfe stapelt man am besten in einem zweiten Eimer.

Ist das Dach fertig bepflanzt und aufgeräumt, wird es ausgiebig gewässert.

Bepflanzen mit Kleintopfstauden bzw. Flachballen

Größere Mengen von Kleintopfstauden (oder Flachballen, wie sie auch genannt werden) erhält man direkt von der Staudengärtnerei in speziellen Platten mit Kassetten mit 20 bis 50 Pflanzen. Vorheriges Wässern der Platten ist sinnvoll, damit sich die kleinen Flachballen besser lösen. Außerdem haben die Pflänzchen so bessere Startbedingungen.

Bei einem großen Dach hat man je Platte nur eine Pflanzenart. Es ist jedoch schwierig, die verschiedenen Platten von einem Ort des Daches zum anderen zu tragen. Man kann die Pflänzchen auch nicht vorher auslegen, denn man würde sie kaum wiederfinden und etliche zertreten, weil sie so klein sind. So mischt man die Arten am besten in den Platten am Boden vor und hebt sie erst dann auf das Dach. Danach pflanzt man sie wahllos oder in kleinen Gruppen, je nach Vormischung, aus.

Zum Austopfen werden die Wurzelballen mit dem Finger von unten durch das Abzugsloch hindurch hinaus gestoßen. Sind sie einmal ausgetopft und nach dem Mischen wieder locker in ihre Kassette gesetzt worden, lassen sie sich auch durch Umkippen der Platte auf dem Dach einfach wieder lösen. Zum Einpflanzen muss man keine Löcher graben, sondern kann einfach mit einem großen Löffel, einer kleinen Handhacke oder einer kleinen Schaufel Substrat wegschieben, den Ballen einsetzen und das Substrat wieder beischieben. Wichtig ist, dass die Ballen genauso tief im Substrat sitzen, wie es ihrer Ballenhöhe entspricht! Man setzt die Pflanzen im Abstand von 20 bzw. 25 Zentimetern und benötigt etwa 16 bis 25 Pflanzen pro Quadratmeter.

Begrünen mit Grassoden

Grassoden werden erst kurz vor dem Begrünen abgestochen. Ist das nicht möglich, können sie auch mehrere Tage auf einer ausgelegten Folie im Schatten gelagert werden. Dazu müssen sie aber alle zwei bis drei Tage beregnet werden, sodass sie von unten leicht feucht sind. Zu nass dürfen sie aber auch nicht werden, da sich sonst die Erde von den Wurzeln löst.

Die ideale Sodendicke beträgt 5 bis 6 Zentimeter ohne Aufwuchs. Der Rasen sollte vorher sehr kurz gemäht werden, denn das regt die

Gräser zum Verzweigen und dichteren Wuchs an. Die Sodengröße sollte etwa so groß wie das Spatenblatt sein. So kann man die Stücke handhaben. Für den Transport auf das Dach kann man flache Steigen benutzen. Pappsteigen sollte man mit einer Plastiktüte ausschlagen, denn sie weichen schnell durch. Am besten geeignet sind flache Bäckerkisten oder Pflanzenkisten aus Kunststoff, in denen auch größere Mengen Topfstauden geliefert werden.

Zum Auslegen der Soden arbeitet man immer vom Giebel aus rückwärts. Die Sodenstücke werden auf das Substrat gelegt und rüttelnd mit den Händen angedrückt. Die Soden sollten fest aufliegen, damit sie guten Substratkontakt haben. Man legt sie dicht an dicht in versetzten Querreihen ohne Kreuzfugen, d. h. wie ein Mauerverband, sodass die Fugen nicht übereinanderliegen. Überall, wo aufgrund fehlender Sodenecken eine Lücke entsteht, wird Substrat nachgefüllt und/oder eine Initialstaude gepflanzt. Die Oberfläche des Daches sollte anschließend annähernd eben sein und nicht zu »buckelig« aussehen.

Am Ende wird das Dach ausgiebig und gleichmäßig beregnet, bis das Substrat und die Soden vollständig mit Wasser gesättigt sind und überflüssiges Wasser in der Entwässerung auftaucht.

Kombination verschiedener Begrünungsmethoden

Haupt-Begrünungsmethode	Ergänzende Begrünungsmethode	Vorteil der Ergänzung
Stauden pflanzen	Sprossen streuen (*Sedum*-Arten)	preiswerter als reine Bepflanzung
Sprossen streuen	Säen (z. B. Thymian)	preiswerter als Sprossen-Begrünung
Samen aussäen	Sprossen streuen	schnellere Begrünung und Substratsicherung
Grassoden auslegen	Stauden in Lücken pflanzen	Initialstauden lenken den Umbau der Sodenvegetation
Moose auslegen	keine möglich	
Begrünen mit Kletterpflanzen	keine möglich	

Die einzelnen Schritte der Begrünung im Überblick

- ▹ Prüfen der zulässigen Dachlast (gegebenenfalls Dach verstärken).
- ▹ Wählen der passenden Begrünung bzw. Substrathöhe (Mengen berechnen).
- ▹ Eine passende Aufkantung am Rand bauen.
- ▹ Entwässerung überprüfen und anpassen.
- ▹ Schutzvlies bzw. Trennlage auflegen.
- ▹ Neue Folie auflegen, an den Rändern hochschlagen und an Durchlässen eindichten.
- ▹ Zweites Schutzvlies auflegen.
- ▹ Bei Steildächern Schubschwellen auflegen.
- ▹ Kiesdränage um Gully bzw. vor Traufe herstellen (gegebenenfalls auch an anderen Dachrändern).
- ▹ Substrat aufbringen (passend zu Dachlast und Bepflanzung).
- ▹ Dekoration, Substrathügel und Tierquartiere platzieren (gegebenenfalls gut befestigen).
- ▹ Begrünen durch Säen, Sprossenstreuen und/oder Bepflanzen.
- ▹ Nach Belieben dünne mineralische Mulchdecke aufstreuen (Last bedenken).
- ▹ Erste Bewässerung (dabei noch mal Abfluss prüfen).
- ▹ Nach Bedarf vorübergehend Gemüsevlies auflegen (provisorisch befestigen).

Heupferdchen sind gute Flieger und freuen sich über abwechslungsreiche Pflanzenkost. Von Vögeln werden sie gerne verspeist.

Beispiele für naturnahe Gründächer

Im Folgenden haben wir viele naturnahe Begrünungsbeispiele für Sie zusammengestellt, die sich auf unterschiedlichen Dachformen und Dachgrößen realisieren lassen. Mit Sicherheit ist für Ihr Nebengebäude das Passende dabei. Falls Sie das Nebengebäude erst noch bauen möchten, können Sie sich an den gezeigten Beispielen orientieren und bei Ihrem Bauplan die Statik, Dachform und Entwässerung entsprechend anpassen.

Die folgenden Beispiele sind nach Gebäudetyp geordnet und zeigen naturnahe Begrünungen für verschiedene Dachneigungen, Standorte und dazu passende Pflanzengesellschaften. Bei jedem Beispiel finden Sie Angaben zu den benötigten Pflanzen, der Substratmischung und der Substrathöhe, zum Aufbaugewicht sowie zu Möglichkeiten, etwas für Tiere zu tun. Die Dekorationsvorschläge können Sie nach Ihren Vorstellungen abwandeln. Haben Sie das Passende für Ihr Dach gefunden, doch ist es kleiner oder größer, können Sie die Mengenangaben für die Pflanzen einfach für Ihre Dachfläche umrechnen.

Alle gezeigten Beispiele haben einen einschichtigen Substrataufbau mit mineralischem Lava-Bims-Gemisch vulkanischer Herkunft. Dieses Material wird relativ umweltschonend in der Mitte Deutschlands (Eifel) abgebaut und die erschöpften Flächen werden anschließend renaturiert. Es kann bereits mit der passenden Menge Kompost bzw. Humus (10 oder 20 Volumenprozent) angereichert geliefert werden. Sie können es aber auch pur kaufen und selbst mit der angegebenen Menge Kompost oder einer Fertigerde mischen. Dazu sollten Sie aber nur nach RAL zertifizierten Kompost bzw. torffreie Fertigerde kaufen. Beide sind frei von Unkrautsamen und pflanzenschädlichen Krankheitserregern. Wir haben mit den angegebenen Fertigmischungen beste Erfahrungen gemacht, doch bleibt es Ihnen überlassen, andere Substratgemische auszuprobieren. (Mögliche Dachsubstrate und deren Eigenschaften siehe Seite 24.)

Begrünte Garagen

Garagen am Einfamilienhaus sind in der Regel separat gemauerte oder als Fertiggaragen in Beton gegossene Nebengebäude. Üblicherweise haben sie ein flaches Dach, oftmals mit einem leichten Gefälle von etwa 2 Prozent zur Entwässerung hin. Mit, aber auch ohne Gefälle sind sie hervorragend für eine naturnahe Begrünung in einschichtiger Bauweise geeignet, sofern man ein passendes Dachsubstrat wählt. Das Herstellen eines Gefälles mittels PU-Schaumplatten oder Ähnlichem halten wir für überflüssig, denn einige Millimeter stehendes Wasser auf einem ebenen Dach werden vom Substrat schnell aufgenommen.

Ein Garagendach besteht meist aus einer gegossenen oder aus Fertigteilen gespannten Betondecke, die in den meisten Fällen für maximale Belastungen von 2,5 kN/m^2 und mehr geeignet ist. Zieht man davon die Schneelast von 0,75 kN/m^2 im Sommer bzw. die Verkehrslast (im Mittel ebenfalls 0,75 kN/m^2) im Winter ab, verbleiben 1,75 kN/m^2 Lastreserve für die Begrünung. Das entspricht etwa 175 kg/m^2 für das wassergesättigte Substrat und die Pflanzen und reicht für eine naturnahe Begrünung aus (siehe Tabelle auf Seite 48).

Der Dachrand (Attika) der Garagen ist in der Regel etwa 10 Zentimeter erhöht, sodass eine Wanne entsteht. Diese lässt sich nach Bedarf recht einfach mittels aufgeschraubter Balken erhöhen. Die Dachdichtung besteht bei älteren Garagen aus Bitumenbahnen, die an den Nähten verschweißt wurden. Zum Schutz des Bitumens vor Sonneneinstrahlung werden sie mit einer Kiesschicht abgedeckt. Moderne Dachdichtungsbahnen gelten auch ohne Kiesabdeckung als UV-stabil. Die Entwässerung ist meist als Eckgully ausgeführt, der in einem außen angebrachten Fallrohr mündet.

Garagen stehen meist neben dem Wohngebäude und werden daher nur den halben Tag besonnt, da das Wohnhaus und die Nachbarhäuser Schatten werfen. Es gibt aber auch Garagen, die vor einem nach Süden zeigenden Haus angeordnet sind.

An der Grundstücksgrenze stehend, dürfen Einzelgaragen nicht als Terrasse genutzt werden. Doppelgaragen kann man unter Umständen teilweise als Dachgarten nutzen, sofern sie über einen Fallschutz verfügen. Dies muss man jedoch beim Bauamt beantragen.

Ist das Grundstück am Hang gelegen, kann man die Garage oftmals in den Vorgarten integrieren und dann auch begehen. Die Begrünung wird sich hier an den bodengleichen Nachbarbeeten orientieren. Ist die Garage in den Hang gebaut, sind ihre Wände wesentlich massiver, um den Hangdruck aufzufangen. Und auch das Dach ist für höhere Lasten ausgelegt. So kann das Dach meist mit einer dicken Substratauflage intensiv begrünt und in die Vorgartengestaltung einbezogen werden.

Die folgenden Beispiele zeigen Einzel- und Doppel-Garagen mit flachem oder flach geneigtem Dach an verschieden besonnten Standorten. Wir nennen Ihnen heimische Pflanzenarten, die zur Himmelsrichtung und zu den angegebenen Substratdicken passen. Möchten Sie eine noch größere Pflanzenvielfalt, können Sie auch weitere Stauden für sonnige Standorte aus anderen Bepflanzungsbeispielen in diesem Buch wählen. Beachten Sie aber, dass Stauden, die für dünnere Substratschichten geeignet sind, von den hier genannten überwuchert werden können. Umgekehrt wachsen Stauden für dickere Substratschichten und mehr Humus nicht auf Dächern mit geringerer bzw. magerer Auflage.

Will man das Dach reich strukturieren, kann man an Stellen, die höhere Lasten vertragen, Substrathügel, gestützt von einem Rand aus Steinen oder Holzstücken, schaffen und dort anspruchsvollere Stauden und Zwerggehölze pflanzen. Ebenso kann man das Dach auch mit Stellen geringerer Substratdecke gestalten und hier die passenden Stauden pflanzen (siehe beispielsweise Tabellen auf Seiten 96 und 114).

Augen auf bei Samen- und Pflanzenkauf!

Bei der naturnahen Begrünung sollte man ausschließlich auf bewährte Samenmischungen heimischer Arten von spezialisierten, naturnah arbeitenden Betrieben zurückgreifen oder sich die Topfwaren von einer Gärtnerei mit speziellem Dachpflanzenangebot zusammenstellen lassen. Auf keinen Fall darf man irgendwelche Pflanzen auf das Dach verfrachten. Denn was im Gartenboden oder in der angrenzenden Natur funktioniert, kann auf dem Dach sehr unangenehme Folgen haben.

Garagen-Flachdach für Schmetterlinge

STECKBRIEF

DACHFLÄCHE:	ca. 18 m^2
DACHNEIGUNG:	0 Grad (mit oder ohne Gefälle)
EXPOSITION:	sonnig
SUBSTRATHÖHE:	12 – 15 cm
SUBSTRATGEMISCH:	vulkanischer Bims mit 20 % Humusanteil
AUFBAUGEWICHT:	130 bis 160 kg/m^2
TECHN. VORGEHEN:	einschichtige Bauweise (s. S. 26)
BEGRÜNUNG:	Pflanzung von Stauden mit Topfballen (s. S. 82)
MULCHDECKE:	1 – 2 cm Kalksplitt (0/32), hellgrau
TIERQUARTIER:	Überwinterungskasten für Schmetterlinge an der Hauswand

Sonnige Dachflächen auf der Garage eignen sich besonders gut zum Ansiedeln seltener Pflanzen für Insekten. So können in Siedlungen Magerstandorte geschaffen werden, die in der Stadt sehr selten geworden sind. Die Wand des angrenzenden Wohnhauses reflektiert Licht und speichert Wärme, was den meist wärmeliebenden Pflanzen zugutekommt.

Es gibt eine Vielzahl geeigneter Pflanzenarten für magere und sonnige Standorte. Wir haben Ihnen hier solche Pflanzen ausgesucht, die besonders gerne von Schmetterlingen zum Nektarsaugen besucht werden, und mit zwei attraktiven Grasarten kombiniert. Da alle genannten Pflanzen kalkliebend sind, eignet sich eine dünne Schicht aus hellem Kalksplitt, um das Dach zu verschönern und die Pflanzen besser zur Geltung kommen zu lassen. Ist die Dachlast an einem Punkt oder an mehreren Stellen ausreichend, kann man dort größere Kalksteine in Gruppen anordnen oder als Begrenzung für einen kleinen Substrathügel nutzen. Dort hinein kann ein Zwerggehölz gesetzt werden, z. B. ein Färber-Ginster *(Genista tinctoria)* oder ein Purpur-Geißklee *(Cytisus purpureus)*. Weitere geeignete Zwerg- und Halbgehölze für Substrathügel finden Sie auf Seite 96 und Seite 102). Besonders natürlich wirken die Staudenarten in kleinen Gruppen zusammengepflanzt. Man kann die Pflanzen aber auch flächig oder zufällig durcheinander anordnen.

Blütenstauden für Schmetterlinge

Deutscher Name *Botanischer Name*	**Blütenfarbe**	**Anzahl (bei 18 m²)**	**April**	**Mai**	**Juni**	**Juli**	**Aug.**	**Sept.**	**Okt.**	**Nov.**
Kleine Traubenhyazinthe *Muscari botryoides*	blau	100*	✿	✿						
Echter Schaf-Schwingel *Festuca ovina*	bräunlich	30		✿	✿	✿	✿			
Gewöhnlicher Hornklee *Lotus corniculatus*	gelb	20		✿	✿	✿	✿			
Heide-Nelke *Dianthus deltoides*	purpur	25			✿	✿	✿	✿		
Echtes Labkraut *Galium verum*	gelb	15			✿	✿	✿	✿		
Sand-Thymian *Thymus serpyllum*	rosa	25			✿	✿	✿	✿		
Stängellose Kratzdistel *Cirsium acaule*	purpurrot	20				✿	✿			
Wilder Majoran *Origanum vulgare*	hellpurpur	10				✿	✿	✿		
Tauben-Skabiose *Scabiosa columbaria*	hellblau	10				✿	✿	✿	✿	✿
Kalk-Aster *Aster amellus*	blau	15					✿	✿	✿	

*werden als Zwiebeln von September bis November gesteckt
✿ = Blühzeit

Garagen-Flachdach für Vögel

STECKBRIEF

DACHFLÄCHE:	ca. 20 m^2
DACHNEIGUNG:	0 Grad (mit oder ohne Gefälle)
EXPOSITION:	sonnig bis halbschattig
SUBSTRATHÖHE:	12 – 15 cm, an einigen Stellen bis 25 cm
SUBSTRATGEMISCH:	vulkanischer Bims mit 20 % Humusanteil
AUFBAUGEWICHT:	150 bis 180 kg/m^2
TECHN. VORGEHEN:	einschichtige Bauweise (s. S. 26)
BEGRÜNUNG:	Pflanzung von Stauden und Zwerggehölzen mit Topfballen (s. S. 82)
MULCHDECKE:	heller Splitt oder Kies nach Belieben
TIERQUARTIERE:	verschiedene Nistkästen an der Hauswand
SONSTIGES:	Vogeltränke mit Sitzwarte aus schönem Ast

In halbschattigen Lagen kann man Stauden und Zwerggehölze ansiedeln, die Vögeln Samen und Früchte als Futter bieten. Auf diese Weise lassen sich auch Vogelarten beobachten, die man an einem Futterhäuschen selten zu Gesicht bekommt, wie z. B. Distelfink, Dompfaff und Grünfink.

Für die Stauden ist die angegebene Substrathöhe ausreichend, die Zwerggehölze setzt man einzeln in Substrathügel von 20 bis 25 Zentimeter Höhe und Breite, die man vorher mit Steinen oder Holzstücken begrenzt hat. Ob man die Stauden in Gruppen oder durcheinander pflanzt, ist Geschmackssache.

Vögel werden die exponierte Lage auf dem Dach zu schätzen wissen, denn hier sind sie sicher vor Katzen. Eine Gefahr können zum Garagendach zeigende Fensterscheiben ohne Gardine darstellen, in denen sich die Umgebung spiegelt. Man sollte sie mit einer Spezialfolie bekleben, die der Scheibe ein nur für Vögel sichtbares Streifenmuster gibt.

Die Vogeltränke muss man regelmäßig säubern und nachfüllen können. Deshalb stellt man sie nur dort auf, wo man das Dach gefahrlos betreten kann, und lässt einen breiten Streifen frei von höheren Pflanzen, denn Vögel lieben die Rundumsicht an der Tränke. Kann man das Dach nicht gefahrlos betreten, muss man es vom Fenster aus reinigen und befüllen können. Ungereinigte Vogeltränken sind Brutstätten für gefährliche Keime.

Zwerggehölze und Stauden mit Samen und Früchten für Vögel

Deutscher Name ***Botanischer Name***	**Blütenfarbe**	**Anzahl (bei 20 m²)**	**April**	**Mai**	**Juni**	**Juli**	**Aug.**	**Sept.**	**Okt.**
Zwerg-Felsenbirne *Amelanchier ovalis var. pumila*	weiß	2	✿	✿					
Bibernell-, Dünen-Rose *Rosa pimpinellifolia ss. spinosa*	hellgelb	2		✿	✿				
Gewöhnliche Pechnelke *Silene (Lychnis) viscaria*	rot	20		✿	✿	✿			
Weidenblättriges Ochsenauge *Buphthalmum salicifolium*	gelb	10			✿	✿	✿	✿	
Echtes Labkraut *Galium verum*	gelb	20			✿	✿	✿	✿	
Glänzende Skabiose *Scabiosa lucida*	violett	10			✿	✿	✿	✿	
Gewöhnliche Golddistel *Carlina vulgaris*	goldgelb	20				✿	✿	✿	
Echte Goldrute *Solidago virgaurea*	gelb	10				✿	✿	✿	✿
Österreichische Königskerze *Verbascum austriacum*	hellgelb	10				✿	✿	✿	✿
Kalk-Aster *Aster amellus*	blau	20					✿	✿	✿

✿ = Blühzeit

Doppelgaragen-Flachdach mit Sitzplatz im Halbschatten

STECKBRIEF

DACHFLÄCHE:	30 m^2, davon 20 m^2 begrünt
DACHNEIGUNG:	0 Grad (mit oder ohne Gefälle)
EXPOSITION:	sonnig
SUBSTRATHÖHE:	12 – 15 cm
SUBSTRATGEMISCH:	vulkanischer Bims mit 20 % Humusanteil
AUFBAUGEWICHT:	140 bis 160 kg/m^2
TECHN. VORGEHEN:	einschichtiger Aufbau (s. S. 26)
BEGRÜNUNG:	Pflanzung von Stauden mit Topfballen (s. S. 82)
MULCHDECKE:	1 – 2 cm Kalksplitt (0/32) hellgrau
TIERQUARTIER:	Nisthilfen an der Hauswand
SONSTIGES:	keine Stauden unter dem Sitzplatz (ca. 10 m^2), stattdessen Thymian-Samen und Kalksplitt streuen

Ein Garagendach mit Sitzplatz muss hohe Lasten vertragen und kann intensiv begrünt werden. Doch auch eine magere Substratauflage reicht aus. Sie kann gefahrlos betreten werden und bietet die buntesten Blühaspekte im Sommer. Deshalb haben wir Ihnen hier eine Staudenmischung zusammengestellt, die besonders im Sommer, wenn man auf dem Dach sitzen oder liegen möchte, die schönsten Aussichten und Düfte bietet. Die angegebenen Mengen gelten für 20 Quadratmeter, also etwa zwei Drittel der Dachfläche einer Doppelgarage. Die anderen 10 Quadratmeter sind für einen Sitzplatz reserviert, den man unbepflanzt lässt und mit etwa 2 Zentimeter Kalksplitt bestreut. So erhält man eine feste saubere Oberfläche. Besonders duftend ist der Sitzplatz, wenn man ihn vor dem Abstreuen mit Kalksplitt zunächst mit Feld-Thymian *(Thymus pulegioides)* einsät.

Die Dachränder können außerdem mit passenden Halb- und Zwerggehölzen bepflanzt werden, wenn man das Substrat hier etwas erhöht (siehe Seite 96 und Seite 102).

Doch auch ohne Sitzplatz ist diese Bepflanzung ein echter Hingucker. Erhöhen Sie in diesem Fall die Pflanzenanzahl einfach um ein Drittel oder ergänzen Sie die Bepflanzung mit anderen für den Halbschatten geeigneten Arten aus anderen Tabellen (siehe Seite 109).

Falls das Dach im September begrünt wird, kann man gleich auch noch etwa 100 Zwiebeln der Traubenhyazinthe *(Muscari neglectum)* ins Substrat stecken. Das lässt sich aber auch noch im nächsten Herbst nachholen.

Tipp *Für den Sitzplatz muss ein 90 Zentimeter hohes Geländer als Fallschutz am Rand der Garage angebracht werden. Das Geländer sollten Sie sich beim Bauamt genehmigen lassen.*

Stauden für ein Garagendach mit ca. 20 m² bepflanzter Fläche

Deutscher Name / ***Botanischer Name***	**Blütenfarbe**	**Anzahl (bei 20 m²)**	**April**	**Mai**	**Juni**	**Juli**	**Aug.**	**Sept.**	**Okt.**
Zwerg-Schwertlilie *Iris pumila*	violett	15	✿	✿					
Mittleres Zittergras *Briza media*	gelblich	15		✿	✿				
Duft-Schafgarbe *Achillea nobilis*	weiß	5		✿	✿	✿			
Hügel-Meister *Asperula cynanchica*	rosa-weiß	20			✿	✿	✿		
Schwarze Königskerze *Verbascum nigrum*	gelb	7			✿	✿	✿		
Echte Bergminze *Calamintha sylvatica*	weiß-violett	7			✿	✿	✿	✿	
Feld-Thymian *Thymus pulegioides*	rosa	30			✿	✿	✿	✿	✿
Schöner Lauch *Allium carinatum ssp. pulchellum*	violett-rosa	15				✿	✿		
Gekielter Lauch *Allium car. ssp. pulch. album*	weiß	15				✿	✿		
Edel-Gamander *Teucrium chamaedrys*	rosa	30				✿	✿		
Ysop *Hyssopus officinalis*	blau	7				✿	✿	✿	✿
Goldhaar-Aster *Aster linosyris*	gelb	7					✿	✿	

✿ = Blühzeit

Zwerggehölze für Dachbegrünungen (für Substrathügel oder Substratschichten von 25 – 35 cm Höhe, 20 – 30 % Kompostanteil)

Deutscher Name ***Botanischer Name***	**Standort**	**Wert für Tiere**	**Blütenfarbe**	**März**	**April**	**Mai**	**Juni**	**Juli**	**Aug.**
Buchsbaum *Buxus sempervirens 'Vardar Valley'*	schattig	Hummeln, Vögel	grün	✿	✿				
Zwerg-Felsenbirne *Amelanchier ovalis var. pumila*	sonnig	Bienen, Vögel	weiß		✿	✿			
Filzige Zwergmispel *Cotoneaster tomentosa*	halbschattig	Bienen, Vögel	weiß		✿	✿			
Kriech-Weide *Salix repens*	sonnig	Bienen, Schmetterlinge	gelblich		✿	✿			
Niedrige Heckenkirsche *Lonicera xylosteum Compactum*	schattig	Vögel	cremeweiß			✿	✿		
Berg-Johannisbeere *Ribes alpinum*	schattig	Vögel	grüngelb			✿	✿		
Kriechende Bibernell-Rose *Rosa pimpinellifolia repens*	sonnig	Vögel, Bienen, Schmetterlinge,	cremegelb			✿	✿		
Purpur-Geißklee *Cytisus purpureus*	sonnig	Bienen, Hummeln, Schmetterlinge	rot			✿	✿	✿	
Behaarter Ginster *Genista pilosa*	halbschattig	Bienen, Vögel	gelb			✿	✿	✿	✿
Zwerg-Liguster *Ligustrum vulgare Compactum*	halbschattig	Bienen, Vögel	weiß				✿	✿	
Essig-Rose *Rosa gallica*	sonnig	Vögel, Bienen, Schmetterlinge	rosarot				✿	✿	
Österreichischer Geißklee *Chamaecytisus austriacus*	sonnig	Bienen, Hummeln	gelb				✿	✿	✿
Färber-Ginster *Genista tinctoria*	sonnig	Bienen, Hummeln	gelb				✿	✿	✿

✿ = Blühzeit

Artenreiches Gras-Kräuter-Dach im Halbschatten

STECKBRIEF

DACHFLÄCHE:	15 m^2
DACHNEIGUNG:	0 Grad (mit oder ohne Gefälle)
EXPOSITION:	halbschattig
SUBSTRATHÖHE:	8 – 12 cm
SUBSTRATGEMISCH:	vulkanischer Bims mit 30 % Humusanteil
AUFBAUGEWICHT:	100 – 120 kg/m^2
TECHN. VORGEHEN:	einschichtige Bauweise (s. S. 26)
BEGRÜNUNG:	Samenmischung mit 60 % Kräutern und 40 % Gräsern (s. S. 81)
SAMENMENGE:	2 g/m^2
SONSTIGES:	mit 25 g/m^2 Sedumsprossen kombinierbar

Auch im Halbschatten wachsen blühende Stauden und Gräser auf dünnen Substratschichten. Die Pflanzen können bis etwa 40 Zentimeter hoch werden und werden nur alle paar Jahre abgemäht, um den Auswuchs von Gehölzen zu verhindern. Das Aussäen ist preiswert und geht recht schnell, jedoch kann es lange dauern, bis die ersten Samen keimen und das Dach grün wird. Deshalb beschleunigt man die Begrünung meist, indem man gleichzeitig noch Sedumsprossen auswirft. Diese wurzeln schnell an und erobern die Dachfläche, werden dann aber in den folgenden Jahren weitgehend von den Kräutern und Gräsern verdrängt.

Die Artenzusammensetzung guter naturnaher Samenmischungen ist mit über 30 oder manchmal sogar über 50 verschiedenen heimischen Gras- und Krautarten sehr reich. Der Anteil der Gräser sollte 40 (Gewichts-)Prozent betragen und aus 5 bis 6 Grasarten bestehen. Die restlichen 60 (Gewichts-)Prozent sollten Kräutersamen von 30 bis 50 ausgewählten heimischen, zum Standort passenden Arten sein.

Welche Arten sich später durchsetzen, ist zum einen von den speziellen Startvoraussetzungen und Standortbedingungen auf dem Dach abhängig, wird aber auch jedes Jahr aufs Neue von der Witterung beeinflusst. Das Schöne dabei ist, dass Ihr Dach jedes Jahr zu allen Jahreszeiten etwas anders aussieht. Mal werden die Frühblüher dominieren, ein anderes Jahr die Sommer- oder Spätsommerblüher.

Dieses Dach müsste nie gepflegt zu werden, wären da nicht die anfliegenden bzw. von Vögeln verfrachteten Gehölzsamen aus der Umgebung. Ob Birke, Erle oder Himbeere, sie alle drohen die Dachfolie und den Magerrasen zu zerstören und müssen deshalb entfernt werden. Doch es reicht, wenn man den Magerrasen alle zwei bis drei Jahre mit einer (Motor-)Sense oder einer elektrischen Heckenschere mäht und das Mähgut vom Dach transportiert. Bei kleinen Dachflächen kann man die Gehölze auch mit der Hand herausziehen oder mit der Gartenschere abschneiden.

Tipp *Kaufen Sie die Samenmischung nur bei spezialisierten Betrieben, die nur heimische Wildkräuter und Wildgräser aus gesicherten Herkünften für Dachbegrünungen anbauen und geordnet nach Standortbedingungen anbieten. Alle anderen Samenmischungen sind völlig ungeeignet für alle Arten von Dachbegrünungen!*

Grasarten in der Samenmischung für eine Dachbegrünung im Halbschatten

Samenmischungen für Dachbegrünungen orientieren sich an der Artenvielfalt natürlicher Vorbilder, den Trockenrasen. Gute Mischungen bestehen zu etwa 40 (Gewichts-)Prozent aus Grassamen und 60 (Gewichts-)Prozent aus Kräutersamen. Geeignete Gräser für den Halbschatten sind Gewöhnliches Ruchgras *(Anthoxanthum odoratum)*, Wald-Zwenke *(Brachypodium sylvaticum)*, Blaugrüne Segge *(Carex flacca)*, Schaf-Schwingel *(Festuca guesfalica)*, Wald-Hainsimse *(Luzula sylvatica)* und Nickendes Perlgras *(Melica nutans)*. Unter den Kräutern (meist über 30 Arten) finden sich Seltenheiten wie Echter Frauenspiegel *(Legousia speculum-veneris)*, Salbei-Gamander *(Teucrium scorodonia)* und Heil-Ziest *(Betonica offizinalis)*. Die Samen werden nicht der Natur entnommen, sondern auf geeigneten Böden in Deutschland, Österreich oder der Schweiz angebaut. Die Mutterpflanzen entstammen dabei Gebieten, die dokumentiert sind. Somit gelangen keine nichtheimischen oder züchterisch veränderten Pflanzen in die Mischung. Gute Saatgutbetriebe lassen sich von Botanikern beraten und bieten Transparenz bei Herkunft, Produktion und Handel des Saatguts (Bezugsquellen siehe Seite 174).

Schattiges Garagen-Flachdach für Käfer und Co

STECKBRIEF

DACHFLÄCHE:	ca. 12 m^2
DACHNEIGUNG:	0 Grad (mit oder ohne Gefälle)
EXPOSITION:	schattig
SUBSTRATHÖHE:	15 – 20 cm
SUBSTRATGEMISCH:	vulkanischer Bims mit 30 % Humusanteil
AUFBAUGEWICHT:	180 – 250 kg/m^2
TECHN. VORGEHEN:	einschichtige Bauweise (s. S. 26)
BEGRÜNUNG:	Pflanzung von Stauden mit Topfballen (s. S. 82)
DEKORATION:	Holzstubben, Wurzelstücke
TIERQUARTIERE:	Holzhaufen für Insekten und Gliedertiere

Je schattiger ein Standort in der Natur, desto feuchter und humoser ist der Boden. Im Falle einer Dachbegrünung bedeutet dies, dass die Substratschicht dicker sein muss und ein höherer Humusanteil notwendig ist. Damit speichert das Substrat mehr Wasser, was ebenfalls höhere Dachlasten voraussetzt.

Besonders naturnah ist ein schattiges Dach, wenn es mit standortgerechten Farnen, Gräsern und Frühblühern bepflanzt wird. Zusammen mit Holzstücken kann man ein hübsches, waldrandähnliches Biotop schaffen, in dem sich auch das eine oder andere flugfähige Insekt aufhalten kann. Mit morschen Holz- und Rindenstücken aus dem Wald schleppt man vielleicht Insektenlarven ein, die sich hier ungestört entwickeln können, sofern ihnen die Umgebung zusagt. Eine schöne Wurzel, ein Baumstubben oder ein kleiner Holzstapel passen als Dekoration dazu.

Besonders naturnah wirkt die Bepflanzung, wenn sie nach dem Vorbild eines Waldrandes gestaltet wird.

Stauden für ein schattiges Flachdach

Deutscher Name *Botanischer Name*	Blütenfarbe	Anzahl (bei 12 m²)	März	April	Mai	Juni	Juli	Aug.	Sept.	Okt.
Gewöhnlicher Tüpfelfarn *Polypodium vulgare*	keine	5								
Busch-Windröschen *Anemone nemorosa*	weiß	20	✿	✿						
Gelbes Windröschen *Anemone ranunculoides*	gelb	20		✿	✿					
Zypressen-Wolfsmilch *Euphorbia cyparissias*	gelb	20		✿	✿	✿				
Große Sternmiere *Stellaria holostea*	weiß	20		✿	✿	✿				
Weiße Segge *Carex alba*	gelblich	15			✿	✿				
Nickendes Perlgras *Melica nutans*	gelblich	15			✿	✿				
Echtes Salomonssiegel *Polygonatum odoratum*	weiß	10			✿	✿				
Ruprechts-Storchschnabel *Geranium robertianum*	rosa	20			✿	✿	✿	✿	✿	✿
Graslilie *Anthericum ramosum*	weiß	20				✿	✿	✿		

✿ = Blühzeit

Tipp *Werden die Farne und Gräser in kleinen Gruppen im Schutz der Holzteile gepflanzt, ergibt sich ein natürliches Bild. Ein kleiner, von Pflanzen freigehaltener Weg gliedert die Dachfläche und erleichtert die Pflege.*

Marienkäfer überwintern zwischen trockenem Laub und in Totholzspalten.

Provenzalische Kräuter auf einer Garage im Hang

STECKBRIEF

DACHFLÄCHE:	ca. 18 m^2
DACHNEIGUNG:	0 Grad (mit 2 oder mehr % Gefälle)
EXPOSITION:	sonnig
SUBSTRATHÖHE:	25 – 35 cm
SUBSTRATGEMISCH:	vulkanischer Bims mit 20 % Humusanteil
AUFBAUGEWICHT:	250 – 300 kg/m^2
TECHN. VORGEHEN:	einschichtige oder zweischichtige Bauweise (s. S. 26 oder 62)
BEGRÜNUNG:	Pflanzung von Halbgehölzen mit Topfballen (s. S. 82)
MULCHDECKE:	Kalksplitt 2 – 3 cm
DEKORATION:	(Kalk-)Steine
TIERQUARTIERE:	Steinhaufen, Hummelnistkasten
SONSTIGES:	Einsaat mit Thymian-Samen auf Wegen

Für begehbare sonnige Flachdächer, die große Lasten aushalten, eignet sich eine naturnahe Intensivbegrünung mit mediterranen Halbgehölzen und gegebenenfalls auch dazu passenden Zwerggehölzen. Wir schlagen ein provenzalisches Kräuterbeet vor, das sowohl Insekten als auch Menschen erfreut. Voraussetzungen sind viel Sonne und dass man das Dach zum Ernten betreten kann. Auf diese Weise lassen sich viele Flächen als Kräutergarten nutzen: Garagendächer im Hang, das Dach eines Erdkellers oder die Bodenplatte eines abgerissenen Gebäudes (z. B. ein ehemaliger Stall oder eine Mistkaute). Baut man eine Aufkantung von 25 bis 40 Zentimeter Höhe aus Mauern oder Schwellen, kann man mit solch einem niedrigen Hochbeet auch eine Terrasse oder einen anderen sonnigen Gartenteil bepflanzen. Wichtig ist nur, dass immer ein Gefälle von mindestens 2 Prozent vorhanden ist, damit überschüssiges Wasser zügig abfließen kann.

Ist die vorhandene Fläche ausreichend groß, kann man hier noch einige sonnenhungrige standortgerechte Zwerggehölze dazu pflanzen, z. B. Zwerg-Ginster und Zwerg-Felsenbirne (siehe Tabelle Seite 96). Ihnen gibt man eine Handvoll zusätzlichen Kompost und einen Esslöffel Hornspäne als Langzeitdünger (alternativ mit Kompost nachdüngen) ins Pflanzloch.

Zusätzlich kann man eine Teilfläche oder die freigehaltenen Wege noch mit Echtem Thymian *(Thymus vulgaris)* einsäen. So duftet es bei jedem Schritt über die Wege. Im Winter sollte man das Kräuterbeet mit einem Vlies abdecken, besonders wenn keine schützende Schneedecke liegt.

Tipp *In niederschlagsreichen Gegenden und bei fehlendem oder wenig Gefälle ist eine Dränageschicht unter der Substratschicht sinnvoll (zweischichtiger Aufbau, siehe Seite 62).*

Duftende und essbare mediterrane Halbgehölze

Deutscher Name ***Botanischer Name***	**Blütenfarbe**	**Anzahl (bei 18 m²)**	**April**	**Mai**	**Juni**	**Juli**	**Aug.**	**Sept.**	**Okt.**
Eberraute, Zitronenkraut *Artemisia abrotanum*	gelb	2	✿	✿					
Graubehaarte Zistrose *Cistus incanus ssp. tauricus*	rosa	1	✿	✿	✿				
Rosmarin 'Arp' *Rosmarinus officinalis 'Arp'*	blauviolett	1		✿	✿				
Gewürz-Salbei *Salvia officinalis*	blau	3		✿	✿	✿			
Zitronen-Thymian *Thymus x citriodorus*	helllila	3		✿	✿	✿	✿	✿	✿
Kümmel-Thymian *Thymus herba-barona*	rosa	3			✿	✿	✿		
Gewöhnliches Sonnenröschen *Helianthemum nummularium*	gelb	10			✿	✿	✿	✿	
Currykraut *Helichrysum italicum*	gelb	3			✿	✿	✿	✿	
Römische Minze *Calamintha species 'Hadriansminze'*	hellviolett	3				✿	✿		
Echter Lavendel *Lavandula angustifolia*	blauviolett	3				✿	✿		
Ysop *Hyssopus officinalis*	blau	3				✿	✿	✿	✿
Winter-Bohnenkraut *Satureja montana*	weißrosa	3						✿	✿

✿ = Blühzeit

Kleine Wege zwischen den Pflanzen erleichtern die Pflege und das Ernten.

Begrünte Carports

Carports sind offene Unterstände für Fahrzeuge und bestehen aus Holz, Stahl oder Aluminium. Einfache Konstruktionen haben ein Flachdach oder ein flach geneigtes Dach, hochwertigere Konstruktionen auch ein Sattel-, Walm- oder Tonnendach. Die Dacheindeckung kann aus Dachpappe, Dachsteinen, Well- oder Trapezblech bestehen.

Bevor man eine Dachbegrünung auf dem Carport-Dach anbringen will, muss von einem Zimmermann oder Statiker geklärt werden, ob der Dachunterbau und die Stützen des Carports der gewünschten Begrünungen statisch gewachsen sind. Bei Holz-Carports ist es in der Regel nicht kompliziert, ein zu schwach dimensioniertes Carport durch Einziehen zusätzlicher Pfosten und Pfetten anzupassen.

Well- und Trapezbleche nimmt man vom Dach ab und nagelt stattdessen eine Holzschalung aus ungehobelten Brettern (Rauspund) auf. Ob man dafür zusätzliche Dachsparren braucht, muss vorher geklärt werden. Dicke und Spannweite der Bretter müssen an die geplante Begrünung bzw. deren Last angepasst werden. Auch der aufgeschraubte Dachrand (Attika) muss der geplanten Substrathöhe entsprechen. Wie man die Entwässerung anpasst, ist von der Gefällerichtung und der Möglichkeit, das Wasser abzuleiten, abhängig.

Beim Kauf bzw. Bau eines neuen Carports kann man die gewünschte Begrünungsform und deren Auflast gleich berücksichtigen. Addiert werden muss jedoch immer noch die für die Gegend gültige Schneelast!

Carports, die man als preiswerten Bausatz kaufen kann, sind meist nicht nur zu schwach dimensioniert für eine Begrünung, sondern auch zu kurz für große PKW. Da man meist auch noch einen Unterstand für Gartengeräte braucht, ist es sinnvoller, sich ein Carport genau passend zum Grundstück und den eigenen Bedürfnissen anzufertigen (bzw. bauen zu lassen). Dabei kann man die gewünschte Begrünung bzw. deren Aufbauhöhe und die Dachlast schon berücksichtigen.

Tipp *Falls Sie einen Solarkollektor auf das Dach montieren möchten, brauchen Sie auf die Begrünung nicht zu verzichten. Rund um den Kollektor stellt sich eine Pflanzengesellschaft ein, die mit dessen Schattenwurf zurechtkommt. Und der Kollektor profitiert im heißen Sommer von der Kühlung durch die Verdunstung von Pflanzen und Substrat.*

Carport-Flachdach für Hummeln und Bienen

STECKBRIEF

DACHFLÄCHE:	ca. 18 m²
DACHNEIGUNG:	0 Grad (mit 1 – 2 % Gefälle)
EXPOSITION:	sonnig bis halbschattig
SUBSTRATHÖHE:	10 – 12 cm
SUBSTRATGEMISCH:	vulkanischer Bims mit 20 % Humusanteil
AUFBAUGEWICHT:	100 – 120 kg/m²
TECHN. VORGEHEN:	einschichtiger Aufbau (s. S. 26)
BEGRÜNUNG:	Pflanzung von Stauden mit Topfballen (s. S. 82)
MULCHDECKE:	Kalksplitt 1 – 2 cm
DEKORATION:	(Kalk-)Steine
TIERQUARTIERE:	Hummelnistkasten, Wildbienen-Nistplätze

Hummeln und andere Wildbienenarten kann man fördern, wenn man ihnen die richtigen Nektarpflanzen bietet. Wichtig ist, dass bereits im Frühjahr ein Angebot besteht, damit die hungrigen Weibchen mit dem Nestbau beginnen können. Im Frühsommer ist das Angebot in der Umgebung meist ausreichend, doch im Spätsommer und Frühherbst blühen auf dem Feld und im Garten oftmals keine geeigneten Pflanzen mehr, sodass die befruchteten Weibchen der Insekten nicht genügend Fettreserven für die Überwinterung bilden können.

Zusammen mit passenden Nisthilfen können Sie Ihr Dach zu einer kleinen Oase machen. Nisthilfen für Wildbienen, auch bekannt als Insektenhotels, bringt man am besten an einer angrenzenden, nach Süden gerichteten Hauswand an. Oder man befestigt sie an einem oder zwischen zwei Pfosten des Carports, wo man das Treiben der harmlosen Winzlinge gut beobachten kann. Man kann Insektenhotels kaufen oder

auch selbst bauen. Will man eine einfache Nisthilfe auf das Dach legen, kann man eine Schilfmatte zusammenrollen und in ein Ton- oder Plastikrohr (Abwasserrohr) stecken. Tonröhren sind ausreichend schwer, ein Plastikrohr muss dagegen gut befestigt oder beschwert werden. Lässt man den Rand des Rohres etwas überstehen und richtet den Eingang nach Süden, sind die Brutröhren gut vor Regen geschützt und werden bald besiedelt.

Als Nisthilfen für Hummeln eigen sich nur Kästen für den oberirdischen Betrieb. Ob sie von den Hummeln auch genutzt werden, ist Glücksache. Fertige Holzbetonkästen sind recht schwer und können in der Nähe des Dachrandes aufgestellt werden. Nistkästen aus Holz sollten gut befestigt oder mit einem Stein beschwert werden.

Blütenstauden für Hummeln und Bienen

Deutscher Name ***Botanischer Name***	**Blütenfarbe**	**Anzahl (bei 18 m²)**	**April**	**Mai**	**Juni**	**Juli**	**Aug.**	**Sept.**	**Okt.**
Gewöhnliche Kuhschelle *Pulsatilla vulgaris*	violett	10	✿	✿					
Kleines Habichtskraut *Hieracium pilosella*	gelb	20		✿	✿	✿	✿	✿	✿
Milder Mauerpfeffer *Sedum sexangulare*	gelb	20			✿	✿			
Filziger Thymian *Thymus pseudolanuginosus*	rosa	20			✿	✿	✿		
Karthäuser-Nelke *Dianthus carthusianorum*	purpur	20			✿	✿	✿	✿	
Ebensträußiges Gipskraut *Gypsophila fastigiata*	weißrot	20			✿	✿	✿	✿	
Gewöhnliches Sonnenröschen *Helianthemum nummularium*	gelb	20			✿	✿	✿	✿	
Steppen-Salbei *Salvia nemorosa*	violett	10			✿	✿	✿	✿	
Edel-Gamander *Teucrium chamaedrys alba*	weiß	20				✿	✿	✿	
Ruprechts Fetthenne *Sedum telephium ssp. var. ruprechtii*	gelb	10						✿	✿

✿ = Blühzeit

Sonniges Carport-Dach mit extensivem Blührasen

STECKBRIEF

DACHFLÄCHE:	ca. 30 m^2
DACHNEIGUNG:	0 Grad (mit 1 – 2 % Gefälle)
EXPOSITION:	sonnig
SUBSTRATHÖHE:	6 – 12 cm
SUBSTRATGEMISCH:	vulkanischer Bims mit 20 % Humusanteil
TECHN. VORGEHEN:	einschichtige Bauweise (s. S. 26)
AUFBAUGEWICHT:	60 – 120 kg/m^2
BEGRÜNUNG:	Samenmischung, 50 % Gras, 50 % Kräuter (s. S. 81), Sprossen einsäen (s. S. 82)
AUFWUCHSHÖHE:	etwa 30 cm
DEKORATION:	Freiflächen mit Steinen
TIERQUARTIERE:	Steinhaufen

Ist die Dachlast für eine Begrünung mit Stauden nicht ausreichend, kann man ein flaches Carport-Dach auch einsäen. Bereits ab 6 Zentimeter Substrataufbau wächst hier ein blühender Magerrasen. Voraussetzung ist jedoch die richtige Samenmischung, die nur von einem darauf spezialisierten Betrieb hergestellt werden kann. Die Artenwahl und -zusammensetzung garantieren eine stabile Pflanzengesellschaft, die auch bei schwierigen Witterungsverhältnissen bestehen bleibt. Nur so sind das Substrat vor dem Wegwehen und damit die Dachhaut gesichert.

Da das Keimen der Samen etwas dauert, kombiniert man die Einsaat mit einer Sprossenmischung. Die *Sedum*-Arten werden dann nach und nach von den Gräsern und Kräutern verdrängt und bleiben nur an besonders mageren und sonnigen Stellen bestehen.

Das Dach muss nicht gepflegt, auch nicht gemäht werden, lediglich eine Inspektion im Jahr genügt, um angesiedelte Gehölze zu entfernen.

Eine gute Mischung besteht aus etwa 50 (Gewichts-)Prozent Grassamen und 50 (Gewichts-)Prozent Kräutern. Geeignete Grasarten für sonnige Extensivbegrünungen sind beispielsweise Mittleres Zittergras *(Briza media)*, Blaue Kammschmiele *(Koeleria glauca)*, Blaugrüne Segge *(Carex flacca)*, Schaf-Schwingel *(Festuca guestfalica)* und Wimper-Perlgras *(Melica ciliata)*. Unter den etwa 30 Kräuterarten finden sich kleine Schönheiten wie Heide-Nelke *(Dianthus deltoides)* und Gewöhnliches Sonnenröschen *(Helianthemum nummularium)*.

Staudenvielfalt auf Carport-Dach im Halbschatten

STECKBRIEF

DACHFLÄCHE:	ca. 12 m^2
DACHNEIGUNG:	0 Grad (mit oder ohne leichtes Gefälle)
EXPOSITION:	halbschattig
SUBSTRATHÖHE:	15 – 20 cm
SUBSTRATGEMISCH:	vulkanischer Bims mit 30 % Humusanteil
AUFBAUGEWICHT:	180 – 220 kg/m^2
TECHN. VORGEHEN:	einschichtige Bauweise (s. S. 26)
BEGRÜNUNG:	Pflanzung von Zwerggehölzen und Stauden mit Topfballen (s. S. 82)
DEKORATION:	Steine oder Holzstücke
TIERQUARTIERE:	Insektennisthilfen an Pfosten oder Hauswand

Im Halbschatten und bei ausreichenden Lastreserven kann man ein Carport-Dach auch mit Stauden und Zwerggehölzen bepflanzen. So hat man bereits zwei Wochen nach dem Pflanzen ein schönes Dach und kann sich an den Pflanzen erfreuen. Die folgenden Arten lassen sich gut mit Zwerggehölzen für halbschattige Standorte kombinieren

(siehe Tabelle auf Seite 93). In diesem Fall reduziert man die Anzahl der Stauden um etwa 5 pro gepflanztes Zwerggehölz.

Auch hier sehen die Stauden in kleinen Gruppen zu 5 oder mehr Pflanzen angeordnet besonders natürlich aus. Zwerggehölze pflanzt man dagegen einzeln. Um sie herum wirken die niedrigen, früh blühenden Stauden besonders hübsch. Gräser können auch in lockerer Reihe einen angedeuteten »Weg« begrenzen oder am Rand des Kiesstreifens stehen.

Stauden für ein halbschattiges Flachdach

Deutscher Name ***Botanischer Name***	**Blütenfarbe**	**Anzahl (bei 18 m²)**	**Feb.**	**März**	**April**	**Mai**	**Juni**	**Juli**	**Aug.**	**Sept.**	**Okt.**
Vorfrühlings-Alpenveilchen *Cyclamen coum*	rosa	20	✿	✿	✿						
Berg-Segge *Carex montana*	bräunlich	30		✿	✿	✿					
Knöllchen-Steinbrech *Saxifraga granulata*	weiß	10		✿	✿	✿					
Gewöhnliche Gundelrebe *Glechoma hederacea*	blau	20			✿	✿	✿				
Nickendes Perlgras *Melica nutans*	goldbraun	10				✿	✿				
Stinkender Storchschnabel *Geranium robertianum*	rosa	20				✿	✿	✿	✿	✿	✿
Öhrchen-Habichtskraut *Hieracium lactucella*	hellgelb	10				✿	✿	✿	✿	✿	✿
Astlose Graslilie *Anthericum liliago*	weiß	20					✿	✿	✿		
Echte Bergminze *Calamintha sylvatica*	blau-violett	10					✿	✿	✿	✿	
Reichblühende Garten-Fetthenne *Sedum floriferum* *'Weihenstephaner Gold'*	goldgelb	30					✿	✿	✿	✿	

✿ = Blühzeit

Carport-Steildach mit Rasensoden und Initialbepflanzung

STECKBRIEF

DACHFLÄCHE:	Doppelcarport, 30 m²
DACHNEIGUNG:	6 bis 15 Grad
EXPOSITION:	halbschattig
SUBSTRATHÖHE:	5 – 8 cm
SUBSTRATGEMISCH:	vulkanischer Bims mit 10 % Humusanteil
AUFBAUGEWICHT:	120 – 150 kg/m²
TECHN. VORGEHEN:	Schubschwelleneinbau (s. S. 75)
BEGRÜNUNG:	Auflegen von Grassoden und Pflanzung von Kleintopfstauden (s. S. 84)

Steile Dächer lassen sich am einfachsten mit Grassoden begrünen. Allerdings kann man nur Rasensoden verwenden, wenn der verwendete Rasen zuvor mehrere Jahre nicht gedüngt wurde. Die abgestochenen Soden werden auf das Dach gehoben und dort auf eine dünne Substratschicht aus Lava-Bims-Gemisch gelegt. Das Substrat muss hier unbedingt gebrochen und kantig sein, damit es nicht ins Rollen kommt (ungeeignet sind beispielsweise die runden Poroton-Kügelchen).

Das Rasenstück zum Gewinnen der Grassoden sollte vorher kurz gemäht werden. Beim Abstechen sollte die Erde leicht feucht sein, damit sie nicht von den Graswurzeln fällt. Man sticht die Soden in handlicher Größe mit dem Spaten von oben rundherum ein und hebt sie dann flach, in etwa 5 Zentimeter Dicke ab. Sie sollten aus einer sonnigen bis halbschattigen Ecke des Gartens stammen.

Man drückt die Soden gut am Substrat an und bepflanzt die Fugen zwischen den Grassoden mit Stauden. Die Ballen der Initialpflanzen müssen tief genug im Substrat stecken anschließend noch mit Substrat so hoch abgedeckt werden, dass zusammen mit den Grassoden eine ebene Oberfläche entsteht.

Diese Begrünungsform sieht in den ersten Wochen schön grün aus, kann im folgenden Sommer aber braun werden, denn viele der Arten in den Grassoden überstehen die Extrembedingungen auf dem Dach nicht. Doch die Vegetation baut sich nach und nach um und die Arten der Initialpflanzen erobern zusammen mit den überdauernden Gräsern das Dach. Je nach Standort und Witterung überwiegen dann die Gräser oder die Kräuter.

Initialpflanzen zur Erhöhung des Artenreichtums für Rasensodenbegrünung

Deutscher Name ***Botanischer Name***	**Blütenfarbe**	**Anzahl (bei 30 m²)**	**April**	**Mai**	**Juni**	**Juli**	**Aug.**	**Sept.**	**Okt.**
Gewöhnliche Gundelrebe *Glechoma hederacea*	blau	20	✿	✿	✿				
Knotiger Storchschnabel *Geranium nodosum*	lila-rosa	10		✿	✿	✿	✿		
Wiesen-Schafgarbe *Achillea millefolium*	cremeweiß	10		✿	✿	✿	✿	✿	✿
Bergminze, Steinquendel *Calamintha nepeta ssp. glandulosa*	violett	10			✿	✿	✿	✿	
Magerwiesen-Margerite *Chrysanthemum leucanthemum*	weiß-gelb	10			✿	✿	✿	✿	✿
Feld-Thymian *Thymus pulegioides*	rosa	20			✿	✿	✿	✿	✿
Wilder Majoran *Origanum vulgare*	hellpurpur	10				✿	✿	✿	
Kleine Bibernelle *Pimpinella saxifraga*	weiß	10				✿	✿	✿	
Pyrenäen-Aster *Aster pyrenaeus 'Lutetia'*	violett-rosa	10					✿	✿	
Große Fetthenne *Sedum telephium ssp. maximum*	hellgelb	10						✿	✿

✿ = Blühzeit

Tipp *Rollrasen kann nur in Gegenden mit mindestens 800 mm Niederschlag pro Quadratmeter und Jahr verwendet werden. Das gilt sowohl auf dem Dach als auch am Boden (ohne Beregnungsanlage).*

Begrünte Gartenhäuser

Gartenhäuser gibt es in den unterschiedlichsten Größen und Formen: vom kleinen Gartenschrank mit Pultdach bis zum großen Pavillon mit achteckigem Zeltdach. Alle können mit mehr oder weniger Aufwand begrünt werden.

Da man das Gartenhaus oftmals von Haus, Balkon oder Terrasse sieht, lohnt sich eine Begrünung immer. Sie sieht allemal schöner aus als die üblichen Dacheindeckungen aus Dachpappe oder Bitumenschindeln. Und sie kostet auch nicht mehr als eine Dacheindeckung aus schönen Ziegeln oder Dachsteinen.

Wie auch bei den Garagen und Carports müssen Sie als Erstes klären, für welche Lasten sich das Gartenhausdach eignet. Meist lässt sich die Dachlast mit einfachen Mitteln erhöhen, indem Sie z. B. eine Stütze und einen zusätzlichen Träger einziehen. Natürlich müssen auch die Wände bzw. Pfosten des Gebäudes für die höhere Last geeignet sein.

Anschließend können Sie aus den vielen Begrünungsmöglichkeiten die richtige auswählen. Für die Pflanzen ist die Besonnung des Standortes genauso entscheidend wie die Höhe der Substratschicht. Für Sie steht dann noch die Begrünungsform zur Wahl. Ob Sie sich für die Einsaat, das Sprossenstreuen oder die Pflanzung entscheiden, ist auch eine Frage der Arbeitsmöglichkeiten auf dem Dach. Die meisten Gartenhäuschen kann man nicht betreten, sondern muss von einer Leiter oder, bequemer und sicherer, von einem Gerüst aus arbeiten. So sind die Dachgröße und die Armlänge oft die entscheidenden Begrenzungen für die Begrünungsform.

Tipp *Planen Sie auf Ihrem Gartenhaus eine Photovoltaik-Anlage aufzubauen, ist das kein Hinderungsgrund für eine Dachbegrünung. Die Pflanzengesellschaft im Schatten der Sonnenkollektoren passt sich an die halbschattigen Bedingungen an. Gleichzeitig haben Substrat und Pflanzen unter den Kollektoren im Sommer einen kühlenden Effekt. An heißen Tagen wird so vermieden, dass sich die Stromausbeute verringert. Beim jährlichen Kontrollgang für die Sonnenkollektoren kann man dann gleich die Pflanzenkontrolle erledigen.*

Naturnah begrüntes Gartenhaus-Pultdach

STECKBRIEF

DACHFLÄCHE:	ca. 5 m^2
DACHNEIGUNG:	bis 15 Grad
EXPOSITION:	sonnig
SUBSTRATHÖHE:	4 – 6 cm
SUBSTRATGEMISCH:	vulkanischer Bims mit 10 % Humusanteil
AUFBAUGEWICHT:	40 – 60 kg/m^2
TECHN. VORGEHEN:	einschichtige Bauweise (s. S. 26), Schubschwellen bei Dächern über 2 Meter Länge (s. S. 75)
BEGRÜNUNG:	Bepflanzung mit Kleintopfstauden (s. S. 84)

Für die vorgeschlagene Bepflanzung in diesem Beispiel muss die Dachneigung in eine südliche Richtung zeigen. So bekommen die sonnenhungrigen Pflanzen genügend Licht.

Kleinere Gartenhäuser und Geräteschuppen haben oft ein Pultdach mit etwa 12 Grad Neigung. Eine Entwässerung ist meist nicht vorgesehen, das Dachwasser tropft einfach vom Dachüberstand herunter.

Ist das Dach nur etwa 2 Meter lang, braucht man bis etwa 15 Grad Neigung weder Krallmatten noch Schubschwellen. Das Vlies und der Dachrand reichen aus, dass nichts ins Rutschen kommt. Ist das Dach länger, sollte man einige Schubschwellen als Rutschsicherung einbauen.

Der Aufbau ist mit 4 bis 6 Zentimeter Substratschicht recht leicht, sodass man das Dach meist nicht zusätzlich unterstützen muss. Hat man jedoch Zweifel an der Belastbarkeit, sollte man vor dem Begrünen noch einen weiteren Balken unter der Dachschalung einziehen. Der Einbau eines zusätzlichen oder mehrerer zusätzlicher Stützpfosten kann gleich dazu genutzt werden, um die Gartenhütte im Innern mit Regalen zu unterteilen und praktische Befestigungsmöglichkeiten für langstielige Geräte zu schaffen.

Anspruchslose Stauden für ein kleines sonniges Pultdach

Deutscher Name ***Botanischer Name***	**Blütenfarbe**	**Anzahl (bei 5 m²)**	**April**	**Mai**	**Juni**	**Juli**	**Aug.**	**Sept.**
Blau-Schwingel *Festuca glauca*	bläulich	10	✿	✿	✿			
Katzenpfötchen *Antennaria dioica*	rosarot	10		✿	✿			
Trauben-Steinbrech *Saxifraga paniculata*	weiß	10		✿	✿	✿	✿	
Weißer Mauerpfeffer *Sedum album*	weiß	10			✿	✿		
Karthäuser-Nelke *Dianthus carthusianorum*	purpur	10			✿	✿	✿	✿
Gelber Lauch *Allium flavum*	gelb	10				✿	✿	
Spinnweben-Hauswurz *Sempervivum arachnoideum*	hellrot	10				✿	✿	
Dach-Hauswurz *Sempervivum tectorum*	hellrot	10				✿	✿	

✿ = Blühzeit

Extensiv begrüntes Pultdach mit Faserzementplatten

STECKBRIEF

DACHFLÄCHE:	ca. 6 m^2
DACHNEIGUNG:	bis 15 Grad
EXPOSITION:	sonnig bis halbschattig
SUBSTRATHÖHE:	4 – 6 cm
SUBSTRATGEMISCH:	vulkanischer Bims mit 10 % Humusanteil
AUFBAUGEWICHT:	30 – 50 kg/m^2
TECHN. VORGEHEN:	einschichtige Bauweise (s. S. 26), Schubsicherung (s. S. 75)
BEGRÜNUNG:	Streuen von Sedumsprossen (s. S. 82), 50 g/m^2 Sprossen, hier etwa 300 g
SONSTIGES:	Umgang mit Faserzementplatten (s. S. 74 und 164)

Welleternit und andere Faserzementplatten sind ausreichend stabil, um eine extensive Begrünung zu tragen, sofern die Unterkonstruktion das zusätzliche Gewicht aushält. Man muss, je nach Dachlänge, ab einer Dachneigung von etwa 10 Grad nur an der Traufe für eine Schubsicherung sorgen, damit das Substrat nicht herunterrutscht. Dies kann z. B. eine Latte, ein Rundholz oder ein Balken sein, an dessen Innenkante man das Vlies hochschlägt. Etwas Kies hinter dem Balken sorgt für eine Dränage, die das Regenwasser abfließen lässt.

Auf eine Folie kann man hier verzichten, doch das Vlies ist wichtig. Es speichert Wasser, hält das Substrat fest und wird von den Pflanzen durchwurzelt. Außerdem hält es anfliegenden Staub auf den Hochsicken (Wellenberge) der Wellen fest, sodass auch diese nach und nach von Pflanzen besiedelt werden. Nach dem Auflegen des Vlieses wird das Substrat in die Tiefsicken (Wellentäler) gefüllt und mit Sprossen begrünt. Eine andere Form der Bepflanzung ist hier nicht sinnvoll: Für Stauden ist die Substratstärke zu gering und Samen brauchen zu lange, um das Substrat zu sichern. Sedumsprossen wurzeln hingegen schnell ein und sind auch in der Lage, die Wellenberge ohne Substratauflage zu erobern, sodass das Vlies unsichtbar und vor UV-Licht geschützt wird.

Die Sprossen werden entweder mit der Hand gut angedrückt oder man füllt nur zwei Drittel des Substrates ein und schüttet das verbliebene Drittel Substrat über die Sprossensaat. An windigen Standorten oder im Sommer ist es ratsam, nach der ersten Bewässerung ein Gemüsevlies über das Dach zu ziehen und am Rande provisorisch zu befestigen. Dann wird durch das Vlies hindurch gewässert. Nach 2 bis 3 Wochen hebt man das Vlies vorsichtig ab. Denn jetzt haben die Sprossen das Substrat bereits durchwurzelt und damit gesichert und drohen, auch das Gemüsevlies zu erobern.

Sedum-Arten für Sprossen-Begrünung (50 g/m²)*

Deutscher Name ***Botanischer Name***	**Blütenfarbe**	**Juni**	**Juli**	**Aug.**	**Sept.**
Weißer Mauerpfeffer *Sedum album*	weiß	✿	✿		
Milder Mauerpfeffer *Sedum sexangulare*	gelb	✿	✿		
Tripmadam, Felsen-Fetthenne *Sedum reflexum*	gelb	✿	✿	✿	
Grüner Tripmadam *Sedum rupestre*	gelb	✿	✿	✿	
Fetthenne 'Weihenstephaner Gold' *Sedum floriferum*	goldgelb	✿	✿	✿	✿
Mongolen-Sedum 'Immergrünchen' *Sedum hybridum*	gelb		✿	✿	
Kaukasus Fetthenne *Sedum spurium*	rosa		✿	✿	

* Beispiel-Mischung, Rieger + Hofmann
✿ = Blühzeit

Tipp *Nach einigen Jahren können sich in dicken Moospolstern auch kleine Farne oder Blütenpflanzen etablieren. Diese müssen nicht entfernt werden. Lediglich aufkeimende Gehölze sollten vorsichtig ausgerissen werden. Die entstehende Lücke im Moospolster schließt sich bald ganz von alleine wieder.*

Schattiges Pultdach mit Moosbegrünung

STECKBRIEF

DACHFLÄCHE:	ca. 6 m^2
DACHNEIGUNG:	bis 15 Grad
EXPOSITION:	halbschattig bis schattig
SUBSTRATHÖHE:	2 – 4 cm
SUBSTRAT:	Rindenhumus, Kompost, Pflanzerde
AUFBAUGEWICHT:	20 – 50 kg/m^2
BEGRÜNUNG:	Auflegen von Moospolstern (etwa 100 g/m^2)
SONSTIGES:	bei vorhandener, dichter Dachpappe weder Folie noch Vlies nötig

An schattigen feuchten Standorten begrünen sich Dächer mit rauer Dachpappe ganz von selbst mit Moosen. Doch das dauert einige Jahre, da Algen und Flechten als Vorreiter nötig sind. Sie bilden das Polster, an dem die Moose Halt finden und werden dann zu Humus, der die Moose ernährt. Man kann den Vorgang des Bemoosens beschleunigen, indem man selbst gesammelte Moosstücke auf das Dach legt. Dafür eignen sich jedoch nur solche, die von steinigen Untergründen (Mauer, Steine) abgelöst wurden. Legt man die Moosstücke einfach auf das Dach, werden sie beim nächsten Starkregen wieder heruntergespült. Deshalb schüttet man vorher eine dünne Schicht Rindenhumus oder sterilen Kompost auf die Dachfläche und drückt die Moospolster hinein. Auch hier ist ein aufgelegtes und an den Rändern beschwertes Gemüsevlies im ersten Sommer sehr hilfreich. Es verhindert, dass die Moose fortgeweht werden und zu schnell austrocknen. Durch den Humus gedeihen die Moose mit ausreichender Feuchtigkeit prächtig und haben bald das ganze Dach überzogen.

Hat sich das Dachmoos erst einmal etabliert, treibt es auch nach Trockenphasen zuverlässig wieder aus. Wer keine Moose zur Verfügung hat, kann eine Mischung aus verschiedenen Arten von »Dachmoosen« in Stücken kaufen (Bezugsquelle siehe Seite 174).

Moosdächer sind besonders unter Bäumen gut geeignet, denn die Moose tolerieren in der Regel den Laubfall. Zu lange sollten jedoch keine dicken Laubschichten auf dem Dach liegen, denn dann bildet sich eine dicke Humusauflage, die das Dach überlasten kann und in der Gehölzsamen gut keimen können.

Gartenhaus-Steildach (sonnige Hälfte)

STECKBRIEF

DACHFLÄCHE:	etwa 6 m^2
DACHNEIGUNG:	bis 15 Grad
EXPOSITION:	sonnig
SUBSTRATHÖHE:	5 – 6 cm
SUBSTRATGEMISCH:	vulkanischer Bims mit 10 % Humusanteil
SUBSTRATGEWICHT:	50 kg/m^2
TECHN. VORGEHEN:	einschichtige Bauweise (s. S. 26), bei längeren und/oder steileren Satteldächern Schubschwellen einbauen (s. S. 75)
BEGRÜNUNG:	Bepflanzung mit Kleintopfstauden (s. S. 84)
SONSTIGES:	schattige Hälfte auf Seite 120

Auf Satteldächern, deren First nicht genau nach Süden zeigt, herrschen auf beiden Dachhälften ganz unterschiedliche Besonnungsgrade. Sie müssen deshalb mit unterschiedlichen Pflanzen begrünt werden.

In unserem Beispiel ist der First eines kleinen Gartenhauses nach Osten bzw. Westen ausgerichtet. So zeigt die eine Dachhälfte nach Süden, die andere nach Norden. Die nach Süden weisende Dachhälfte ist fast den ganzen Tag besonnt, die nach Norden weisende wird nur im Sommer morgens und abends kurz von der Sonne gestreift. Zeigt der Dachfirst nach Süd- bzw. Nordost oder Süd- bzw. Nordwest, bekommt die nördliche Dachhälfte entweder morgens oder abends mehr Sonne ab und gilt als halbschattig. Die Südhälfte gilt weiterhin zur Hauptvegetationszeit im Sommer als sonnig.

Beide Dachhälften benötigen unterschiedliche Substratmischungen und Pflanzen und werden deshalb getrennt betrachtet.

Auf der sonnenexponierten Seite reicht eine dünne magere Substratschicht mit wenig Humus aus. Außer den üblichen *Sedum*-Arten für eine Extensivbepflanzung wachsen hier in unserem Beispiel auch noch drei weitere Pflanzenarten und verlängern die Blühzeit bis in den Oktober. Je nach Witterung im Jahresverlauf überwiegt dann die eine oder andere Pflanzenart.

Anspruchslose Stauden für ein sonniges Steildach (bzw. Südhälfte)

Deutscher Name *Botanischer Name*	Blütenfarbe	Anzahl (bei 6 m^2)	Mai	Juni	Juli	Aug.	Sept.	Okt.
Echter Schafschwingel *Festuca ovina*	bräunlich	10	✿	✿	✿	✿		
Kleines Habichtskraut *Hieracium pilosella*	gelb	20	✿	✿	✿	✿	✿	✿
Scharfer Mauerpfeffer *Sedum acre*	gelb	10		✿	✿			
Weißer Mauerpfeffer *Sedum album 'Coral Carpet'*	weiß	10		✿	✿			
Grüner Tripmadam *Sedum rupestre*	gelb	10		✿	✿	✿		
Kugel-Lauch *Allium sphaerocephalon*	purpur	20			✿	✿		

✿ = Blühzeit

Je nach Sonnenexposition wachsen auf den Dachhälften eines Satteldachs ganz unterschiedliche Pflanzen, vorausgesetzt man passt das Substrat vorher an. In unserem Beispiel liegt die linke Seite in der Sonne, die rechte Seite im Schatten.

Gartenhaus-Steildach (schattige Hälfte)

STECKBRIEF

DACHFLÄCHE:	etwa 6 m²
DACHNEIGUNG:	bis 15 Grad
EXPOSITION:	halbschattig bis schattig
SUBSTRATHÖHE:	5 – 6 cm
SUBSTRATGEMISCH:	vulkanischer Bims mit 20 % Humusanteil
AUFBAUGEWICHT:	60 kg/m²
TECHN. VORGEHEN:	einschichtige Bauweise (s. S. 26), bei längeren und/oder steileren Satteldächern Schubschwellen einbauen (s. S. 75)
BEGRÜNUNG:	Bepflanzung mit Kleintopfstauden (s. S. 84)
SONSTIGES:	sonnige Hälfte auf Seite 118

Die halbschattige Dachhälfte des Gartenhauses lässt sich ebenfalls gut begrünen, wenn man die Substratmischung mit etwas mehr Humus anreichert. Liegt die Dachhälfte jedoch sehr schattig oder ist sie gar unter einem Baum gelegen, kann man sie auch mit Grassoden oder Moospolstern (siehe Seiten 117) bedecken. Keinesfalls darf man hier aber die Begrünung mit Klettergehölzen (siehe Seite 121) wählen, denn sie würden die sonnige Dachhälfte vollständig überwuchern!

Anspruchslose Stauden für halbschattige Begrünung

Deutscher Name *Botanischer Name*	Blütenfarbe	Anzahl (bei 6 m²)	März	April	Mai	Juni	Juli	Aug.	Sept.
Erd-Segge, Niedrige Segge *Carex humilis*	gelblich	10	✿	✿	✿				
Steinbrech-Felsennelke *Petrorhagia saxifraga*	rosa	20				✿	✿	✿	✿
Reichblühende Garten-Fetthenne *Sedum floriferum 'Weihenstephaner Gold'*	goldgelb	10				✿	✿	✿	✿
Kaukasus- Fetthenne *Sedum spurium*	rosa	10					✿	✿	
Gewöhnlicher Tüpfelfarn *Polypodium vulgare*	keine (Pflanze wintergrün)	10							

✿ = Blühzeit

Gartenlaube mit Kletterpflanzen-Begrünung

STECKBRIEF

DACHNEIGUNG:	15 bis 45 Grad
EXPOSITION:	halbschattig bis sonnig (halbschattig bis schattig am Boden)
DACHLAST:	entspricht dem Gewicht der aufliegenden Zweige und Blätter
BEGRÜNUNG:	Bepflanzung mit Kletterpflanzen im Erdboden (s. S. 38)
GARTENBODEN:	normaler bis humoser Boden
PFLANZGRUBE:	25 × 25 cm, etwa 25 cm tief
KLETTERHILFE:	passend zur gewählten Pflanze
MULCHDECKE:	Holzhäcksel, Rindenmulch, Laub nur über dem Pflanzloch
PFLEGE:	je nach Pflanzenart Triebe anbinden und schneiden

Manchmal ist es nur mit großem Aufwand möglich, ein steiles Dach zu begrünen. Hier kann man sich immer mit Kletterpflanzen behelfen, die das Dach von einer Seiten- oder Rückwand der Laube aus erklimmen. Sie verschönern das Gebäude und lassen ein unansehnliches Dach verschwinden. Die Dichtigkeit der Dachhaut muss allerdings genauso gegeben sein wie bei anderen Dächern.

Kletterpflanzen haben verschiedene Techniken, eine Wand zu erklimmen und sich festzuhalten. Die Selbstklimmer Efeu und Wilder Wein bilden Haftorgane und Kleber, mit denen sie sich selbst an glatten Flächen festhalten können. Spreizklimmer wie die Kletter-Rosen benötigen raue Wände oder Gitter, an denen sie sich mit ihren Stacheln festhaken. Zusätzlich sollte man sie aber immer noch festbinden, da sie mit zunehmendem Alter immer schwerer werden. Ranker wie Clematis und der Echte Wilde Wein bilden Seitentriebe oder Blätter zu Ranken, die sich bei Berührung krümmen und um einen Stab oder ein Drahtseil herum wachsen. Schlinger wie Geißblatt oder Bohnen winden sich mittels ihres ganzen Triebes um einen Stab herum.

Damit sich die gewünschte Kletterpflanze optimal festhalten kann, braucht sie das passende Klettergerüst an der Wand des Gebäudes. Von dort kann man sie dann mit geeigneten Seilen, Stäben oder Gittern auf das Dach leiten. Alle Triebe, die keinen Halt gefunden haben, schneidet man ab. So kann man Kletterpflanzen, die eine Rankhilfe benötigen, recht einfach kontrollieren, sodass sie nicht alles zuwuchern. Selbstklimmer sind dagegen wesentlich schwieriger in ihrem Ausbreitungsdrang zu begrenzen.

Es gibt viele Arten und Sorten geeigneter Kletterpflanzen für kleine Hütten und Lauben. Wir haben hier solche zusammengestellt, die nicht zu stark wachsen. Die genannten Pflanzen bieten Vögeln Nahrung und/oder einen Nistplatz an der begrünten Wand oder auf dem begrünten Dach.

Kletterpflanzen für die Dachbegrünung

Deutscher Name ***Botanischer Name***	**Blütenfarbe**	**Klettertyp** **(Kletterhilfe)**	**April**	**Mai**	**Juni**	**Juli**	**Aug.**	**Sept.**	**Okt.**	**Nov.**
Gewöhnlicher Efeu *Hedera helix*	gelb	Selbstklimmer (keine nötig)						✿	✿	✿
Selbstklimmender Wilder Wein *Parthenocissus tricuspidata 'Veitchii'*	grüngelb	Selbstklimmer (keine nötig)			✿	✿				
Kletter-Hortensie *Hydrangea anomala ssp. petiolaris*	weiß	Selbstklimmer (anfangs festbinden)			✿	✿				
Alpen-Waldrebe *Clematis alpina*	blau-violett	Ranker (Gitter)	✿	✿						
Gold-Waldrebe *Clematis tangutica*	gelb	Ranker (Gitter)			✿	✿	✿	✿	✿	
Wilder Wein *Parthenocissus quinquefolia*	unscheinbar	Ranker (Gitter)			✿	✿				
Jelängerjelieber *Lonicera caprifolium*	gelb-weiß	Schlinger (Stäbe)		✿	✿					
Immergrünes Geißblatt *Lonicera henryi*	gelb-weiß	Schlinger (Stäbe)		✿	✿					
Wald-Geißblatt *Lonicera periclymenum*	rot-gelb	Schlinger (Stäbe)		✿	✿					
Moschus-Rose *Rosa moschata*	cremeweiß	Spreizklimmer (Gitter, anbinden)				✿	✿	✿		

✿ = Blühzeit

Kleine Flächen rund ums Haus

Vielleicht haben Sie sich die Begrünung Ihres Garagendachs, des Gartenhauses oder Vordachs viel einfacher vorgestellt? Möchten Sie zunächst auf einer kleineren Fläche üben? Oder wollen Ihre Kinder ebenfalls ein grünes Dach auf dem Haus ihrer Kaninchen? Vielleicht wollen sie auch bei der Begrünungsaktion unbedingt mithelfen, was aus Sicherheitsgründen aber nicht geht?

Die folgenden Beispiele für kleine Begrünungsflächen sollen Ihnen bei all diesen Wünschen weiterhelfen. Sie selbst können die Vorschläge zum Üben verwenden, um alle Schritte einmal praktisch nachzuvollziehen. Ihre Kinder können während oder nach der Begrünung eines Nebengebäudes beschäftigt werden und eigene Projekte verwirklichen. Natürlich können Sie auch die Reste Ihres großen Begrünungsprojektes verwenden, um Nachbarn oder Freunde von der Dachbegrünung zu überzeugen, ein nettes Geschenk zu basteln oder mit einer Kindergruppe Nisthilfen oder Vogelhäuschen zu begrünen. Sie werden sehen: Der Fantasie sind keine Grenzen gesetzt.

Attraktives Vordach im Halbschatten

STECKBRIEF

DACHFLÄCHE:	etwa 3 m^2
DACHNEIGUNG:	bis 15 Grad
EXPOSITION:	halbschattig
SUBSTRATHÖHE:	5 – 6 cm
SUBSTRATGEMISCH:	vulkanischer Bims mit 20 % Humusanteil
AUFBAUGEWICHT:	50 – 60 kg/m^2
TECHN. VORGEHEN:	einschichtige Bauweise (s. S. 26)
BEGRÜNUNG:	Bepflanzung mit Kleintopfstauden (s. S. 84)
SONSTIGES:	Entwässerungsrichtung bedenken

Ein kleines Vordach trägt zwar nicht wesentlich zur Rettung der Arten bei, kann aber ein netter Hingucker im Vorgarten sein, der die Einstellung der Hausbesitzer spiegelt. Die Besucher werden nett begrüßt, indem man ihnen gleichzeitig einen schönen Anblick und einen trockenen Platz bietet.

Dächer über der Haustür haben in der Regel genügend Lastreserven für eine dickere Substratschicht. Die hier genannten Arten blühen von März bis September und trotzen sowohl Hitze als auch Kälte. Da Haustüren meist nach Osten oder Westen ausgerichtet sind, ist die Dachfläche meist im Halbschatten. Liegt das Dach nach Norden gerichtet und damit ständig im Schatten, eignet sich eher eine Moosbegrünung (siehe Seite 117).

Anspruchslose Stauden für ein halbschattiges Vordach

Deutscher Name *Botanischer Name*	Blütenfarbe	Anzahl (bei 3 m^2)	März	April	Mai	Juni	Juli	Aug.	Sept.
Berg-Segge *Carex montana*	gelblich	10	✿	✿	✿				
Schatten-Steinbrech *Saxifraga umbrosa*	weiß	20			✿	✿			
Rundblättrige Glockenblume *Campanula rotundifolia*	blau	20			✿	✿	✿	✿	✿
Steinbrech-Felsennelke *Petrorhagia saxifraga*	rosa	20				✿	✿	✿	✿

✿ = Blühzeit

Begrünter Mülltonnenschrank

STECKBRIEF

DACHFLÄCHE:	abhängig von der Größe der Mülltonnenbox
DACHNEIGUNG:	0 Grad (mit 2 -5 % Gefälle)
EXPOSITION:	schattig
SUBSTRATHÖHE:	mind. 10, besser 15 cm oder mehr
SUBSTRATGEMISCH:	humose unkrautfreie Erde (s. S. 25)
AUFBAUGEWICHT:	150 – 200 kg/m^2
TECHN. VORGEHEN:	einschichtige Bauweise (s. S. 26) oder zweischichtige Bauweise mit Dränage (s. S. 62)
BEGRÜNUNG:	Bepflanzung mit Stauden
MULCHDECKE:	Rindenmulch, Kompost
SONSTIGES:	Entwässerungsrichtung bedenken, bei Trockenheit gießen

Für viele Modelle von Mülltonnenschränken gibt es bereits vorgefertigte Wannen, meist aus Edelstahl, passend zur Box. Es ist aber auch nicht schwierig, solch eine Dachwanne für einen vorhandenen oder selbst gebauten Müllschrank selbst zu bauen und zu begrünen.

Da die Begrünung auf Erde erfolgt, sollte man hier ein leichtes Gefälle von etwa 2 bis 5 Prozent und einen Wasserabfluss einplanen. Ist das zu aufwendig, kann man auch einen zweischichtigen Aufbau mit einer Dränschicht unter der Erde aus Kies, Dachsubstrat oder Porotonkügelchen herstellen.

Meist wird man das Wasser über eine Ecke des Dachs ableiten. Dazu ist ein Dachüberstand mit einem Abflussrohr sehr hilfreich. Wie und wo man das Wasser ableitet, ist eine Frage des Standortes der Müllbox. Denn es soll ja nicht über die Füße tropfen, wenn man die Pflanzen gießt oder die Tonnen herauszieht. Der Dachüberstand mit dem Gefälle und der Traufe sollte immer auf der gegenüberliegenden Seite der Türen bzw. Öffnungen für die Mülltonnen liegen oder auf einer Schmalseite, wo man nicht hintreten muss.

Ist das Dach stabil und kann höhere Lasten tragen, sollte man auch die Aufkantung entsprechend hoch wählen. Bei Betonboxen kann man eine hübsche kleine Mauer bauen. Dazu klebt man mittels frostfestem Montagekleber kleine Pflastersteine zu einem Rand auf das Betondach. Je höher der Substrataufbau ist, desto mehr Pflanzen können hier wachsen und Trockenperioden überstehen. Vielleicht möchten die

Kinder auch schöne Steine auf das Dach legen, alles zusätzliche Lasten, die berücksichtigt werden müssen.

Sie können sich auch eine Wanne aus verzinktem Blech oder Edelstahl vom Schlosser machen lassen. Oder Sie bauen selbst einen Holzkasten und schlagen ihn mit Folie und Vlies aus. Wie Sie die Konstruktion verwirklichen, hängt von Ihren Fähigkeiten, der Materialbeschaffung und der gewünschten Optik ab. Wer die Müllbox erst noch baut, plant die Konstruktion so stabil, dass sie ein begrüntes Dach mit 15 Zentimeter Aufbauhöhe und mehr tragen kann.

Tipp *Da man die Bepflanzung der Müllbox täglich sieht und die Pflege leicht möglich ist, dürfen die Pflanzen etwas anspruchsvoller sein.*

Schattenverträgliche Pflanzen für die Müllbox im Vorgarten

Deutscher Name ***Botanischer Name***	**Blütenfarbe**	**Wuchsform** **(Höhe in cm)**	**März**	**April**	**Mai**	**Juni**	**Juli**	**Aug.**	**Sept.**
Gewöhnliches Leberblümchen *Hepatica nobilis*	blau	zierlich (5 – 15)	✿	✿					
Stängellose Schlüsselblume *Primula vulgaris*	hellgelb	kompakt (5 -10)	✿	✿	✿				
Schatten-Segge *Carex umbrosa*	rotbraun	immergrün (10 – 20)		✿	✿				
Behaarte Hainsimse *Luzula pilosa*	gelblich	zierlich, immergrün (15 – 30)		✿	✿				
Große Sternmiere *Stellaria holostea*	weiß	locker (10 – 30)		✿	✿	✿			
Astlose Graslilie *Anthericum liliago*	weiß	aufrecht (30 – 50)				✿	✿	✿	
Rundblättrige Glockenblume *Campanula rotundifolia*	blau	kompakt bis aufrecht (10 – 40)				✿	✿	✿	✿
Mauer-Zimbelkraut *Cymbalaria muralis*	hellviolett	überhängend (5 – 20)				✿	✿	✿	✿
Brauner Streifenfarn *Asplenium trichomanes*	keine	zierlich, immergrün (5 – 15)							
Gewöhnlicher Tüpfelfarn *Polypodium vulgare*	keine	trichterförmig (10 – 30)							

✿ = Blühzeit

Grünes Dach für eine Insektennistwand

STECKBRIEF

DACHFLÄCHE:	3 m^2
DACHNEIGUNG:	bis 15 Grad
EXPOSITION:	halbschattig
SUBSTRATHÖHE:	10 – 15 cm
SUBSTRATGEMISCH:	vulkanischer Bims mit 10 % Humusanteil
AUFBAUGEWICHT:	80 – 120 kg/m^2
TECHN. VORGEHEN:	einschichtige Bauweise (s. S. 26)
BEGRÜNUNG:	Bepflanzung mit Kleintopfstauden (s. S. 84)
SONSTIGES:	Dachrinne und Wasserspeier nach Bedarf

Haben Sie bereits eine Insektennistwand? Oder möchten Sie demnächst eine bauen? Dann planen Sie doch gleich ein begrüntes Dach mit nektarbietenden Blütenpflanzen ein. Nistwand und Dach sollten großzügig bemessen sein, um die unterschiedlichen Nisthilfen aus Stroh, Lehm, Sand und anderen Materialien vor Nässe zu schützen. Da die Nistwand nach Süden, Südosten oder Südwesten zeigen sollte, sind auch die Dachpflanzen der Sonne ausgesetzt – vorausgesetzt das Dach neigt sich in diese Richtung. Dies ist jedoch ohnehin zu empfehlen, denn so kann man auch die Blütenbesucher gut beobachten.

An drei Seiten des Daches wird eine 10 bis 15 Zentimeter hohe Dachkante befestigt, die Traufseite erhält einen durchbrochenen Rand zur Entwässerung. Zum Ableiten des Regenwassers kann man eine kleine Dachrinne anbringen, die etwas breiter als das Dach ist, und so das Wasser über einen Wasserspeier in ein angrenzendes Beet leiten.

Ist das Dach nach hinten und damit nach Norden geneigt, kann man das Wasser einfach vom Rand tropfen lassen. Allerdings sind es dann eher Schattenpflanzen, die sich hier wohlfühlen werden (Pflanzenauswahl siehe Seite 120).

Tipp *Bei kleinen Dächern von Mülltonnen, Vogelhäuschen oder Insektenhotels oder anderen kleinen Bauten kann man auf das untere Schutzvlies verzichten. Die Folie für die Dachdichtung kann hier außerdem dünner als 1 Millimeter, das obere Schutzvlies leichter als 300 g/m^2 sein.*

Futterpflanzen für Insekten (sonniger Standort)

Deutscher Name *Botanischer Name*	Blütenfarbe	Anzahl (bei 3 m²)	April	Mai	Juni	Juli	Aug.	Sept.	Okt.
Frühlings-Fingerkraut *Potentilla neumanniana*	gelb	3	✿	✿	✿				
Gewöhnliche Kugelblume *Globularia punctata*	violett	3		✿	✿				
Stein-Fingerkraut *Potentilla rupestris*	weiß	3		✿	✿				
Färber-Meier *Asperula tinctoria*	weiß	3			✿	✿			
Heide-Nelke *Dianthus deltoides*	purpur	3			✿	✿	✿	✿	✿
Dalmatiner-Glockenblume *Campanula portenschlagiana*	blau	3				✿	✿	✿	
Stein-Nelke *Dianthus sylvestris*	rosa	3				✿	✿	✿	
Echte Hauswurz *Sempervivum tectorum*	rot	3				✿	✿	✿	

✿ = Blühzeit

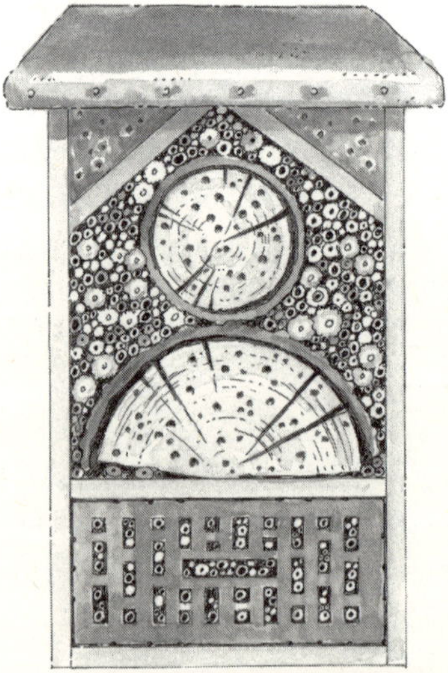

Auch kleine Insektennisthilfen wie dieses Wildbienenhotel werden durch grüne Dächer aufgewertet. Dazu einfach rundherum eine etwa 10 Zentimeter hohe Kante aufnageln und an einer Ecke einen Durchlass für das Regenwasser lassen.

Nagerstall mit »Almwiese«

STECKBRIEF

DACHFLÄCHE:	1 m^2
DACHNEIGUNG:	bis 10 Grad, Pultdach, nach hinten geneigt
EXPOSITION:	sonnig bis halbschattig
SUBSTRATHÖHE:	5 – 6 cm
SUBSTRATGEMISCH:	vulkanischer Bims mit 20 % Humusanteil
AUFBAUGEWICHT:	50 – 60 kg/m^2
TECHN. VORGEHEN:	einschichtige Bauweise (s. S. 26)
BEGRÜNUNG:	Samenmischung für extensive Dachbegrünung, ggf. ergänzt durch Kräutersamen oder Staudenpflanzung siehe Tabelle S. 130 und S. 131
SONSTIGES:	bei Bedarf gießen

Kleintierställe haben meist ein geneigtes Pultdach, das sich einfach begrünen lässt, sofern die Bauweise von Stall und Dach stabil genug dafür ist. Muss man es zum Säubern des Stalles abnehmen, kann man es natürlich nicht begrünen. Bleibt das stabile Dach auf dem Stall, weil dieser von vorne gereinigt wird, kann man hier eine kleine Wiese säen, die von den Meerschweinchen oder Kaninchen unter Aufsicht(!) etwa einmal pro Woche sogar abgeweidet werden kann. So entsteht ein kurzer dichter Rasen, der beim Beweiden gedüngt wird.

Man baut auf das Dach eine Aufkantung von 6 Zentimeter Höhe (wird durch die Dachpappe geschraubt) und lässt an der Traufe einige Lücken für die Entwässerung frei. In die so entstandene flache Wanne wird Vlies gelegt, bevor man sie mit Substrat ausfüllt. Ist die Dachpappe dicht und ohne Nähte, braucht man hier keine Folie. Andernfalls legt man ein Vlies auf die Dachpappe, dann eine dünne Teichfolie und darauf ein weiteres Vlies. Die Traufe muss dann über der Folie angebracht werden.

Eine übliche Rasenmischung würde auf dem Dach nicht gedeihen. Deshalb greift man zu einer Kleinstmenge fertigen Saatguts für extensive Dachbegrünung (Bezugsquellen siehe Seite 174). Normales Rasensaatgut ist auf keinen Fall geeignet!

Die Gräsermischung kann man nach Wunsch um einige Kräutersamen oder Kleintopfstauden ergänzen, die ebenfalls gerne von Nagern gefressen werden, sich anschließend aber wieder gut regenerieren.

Geeignete Grasarten für naturnahe Dachbegrünungen

Deutscher Name ***Botanischer Name***	**Blatt**	**Höhe in cm***	**Standort**
Zittergras *Briza media*	immergrün	20 – 40	sonnig
Blau-Schwingel *Festuca glauca*	silbrig blau, immergrün	20 – 30	sonnig
Echter Schaf-Schwingel *Festuca ovina*	graugrün, immergrün	10 – 40	sonnig
Bleich-Schwingel *Festuca pallens*	wintergrün	30 – 50	sonnig
Blaue Kammschmiele *Koeleria glauca*	blaugrün, immergrün	15 – 30	sonnig
Wimper-Perlgras *Melica nutans*	sommergrün	30 – 50	sonnig
Glanz-Lieschgras *Phleum phleoides*	sommergrün	30 – 50	sonnig
Blaugrüne Segge *Carex flacca*	graublau, immergrün	30 – 60	sonnig bis halbschattig
Ruchgras *Anthoxanthum odoratum*	sommergrün	25 – 50	halbschattig
Schaf-Schwingel *Festuca guestfalica*	wintergrün	30 – 40	halbschattig
Wald-Zwenke *Brachypodium sylvaticum*	sommergrün	30 – 60	halbschattig bis schattig

* Höhe der Staude bzw. der Blüte ohne Beweidung

Zittergras und Ruchgras bilden ohne Beweidung attraktive Blüten- bzw. Samenstände.

Für die kleinen Nager kommen auch verschiedene Kräuterarten infrage, die im üblichen Heu nicht zu finden und von medizinischem Wert für die Tiere sind. Einige kann man als Kleintopfstauden kaufen, andere auch als Samen.

Dach-Kräuter für kleine Nager

Deutscher Name *Botanischer Name*	**Blütenfarbe***	**Standort**	März	April	Mai	Juni	Juli	Aug.	Sept.	Okt.	Nov.
Gänseblümchen *Bellis perennis*	weißrosa	sonnig bis halbschattig	✿	✿	✿	✿	✿	✿	✿	✿	✿
Wald-Erdbeere *Fragaria vesca*	weiß	halbschattig			✿	✿					
Mittlerer Wegerich *Plantago media*	weißrosa	halbschattig			✿	✿	✿				
Gewöhnlicher Hornklee *Lotus corniculatus*	gelb	sonnig			✿	✿	✿	✿			
Kleines Habichtskraut *Hieracium pilosella*	gelb	sonnig bis halbschattig			✿	✿	✿	✿	✿	✿	
Silber-Fingerkraut *Potentilla argentea*	gelb	sonnig				✿	✿	✿			
Echtes Labkraut *Galium verum*	gelb	sonnig bis halbschattig				✿	✿	✿	✿		
Feld-Thymian *Thymus pulegioides*	rosa	sonnig bis halbschattig				✿	✿	✿	✿	✿	
Wilder Majoran *Origanum vulgare*	hellpurpur	sonnig bis halbschattig					✿	✿	✿		

* durch zu häufiges Beweiden gegebenenfalls keine Blütenbildung
✿ = Blühzeit

Der Gewöhnliche Hornklee (Bild) blüht trotz Beweidung ein zweites Mal, Gänseblümchen immer aufs Neue.

Begrünter Nistkasten

STECKBRIEF

DACHFLÄCHE:	20 – 40 cm^2
DACHNEIGUNG:	bis 10 Grad
EXPOSITION:	sonnig bis halbschattig
TECHN. VORGEHEN:	einschichtige Bauweise (s. S. 26)
SUBSTRATHÖHE:	2 – 3 cm
SUBSTRATGEMISCH:	Porotonkügelchen mit etwas Erde
BEGRÜNUNG:	Bepflanzung mit Kleintopfstauden (s. S. 84)
SONSTIGES:	Einflugloch zeigt nach Südosten oder Südwesten

Zum Üben, als begleitende Kinderbeschäftigung oder Materialresteverwertung kann man Nistkästen für Vögel begrünen. Besonders Nistkästen für Höhlenbrüter wie Meisen oder die wesentlich größeren für Stare sind hierfür geeignet. Dazu stellt man den Kasten am besten so auf eine Leiste, dass das Dach waagerecht ausgerichtet ist. Dann deckt man das Pultdach des Nistkastens mit einem Stück Dachpappe oder einem Rest Teichfolie ab. Darüber nagelt oder schraubt man eine Aufkantung aus kleinen Leisten von etwa 3 Zentimeter Höhe als Dachrand auf (am besten vorbohren).

Dass bei dieser Art der Befestigung die Dachdichtung verletzt wird, spielt hier keine Rolle, da nur der Dachüberstand angebohrt wird. Die Leiste an der Traufseite muss vorher kleine Aussparungen an der Unterkante ausgefeilt bekommen, damit hier das Wasser abfließen kann.

Hat das Dach seinen Rand erhalten, legt man ein passendes Stück Vlies oder Rupfen auf und deckt es mit Dachsubstrat ab, in das man die Pflänzchen steckt. Geeignet sind hier nur *Sempervivum*-Arten und das Felsenblümchen. Falls kein Dachsubstrat zur Hand, kann man auch Porotonkügelchen, Tonsplitt und magere Gartenerde nehmen.

Dann wird die Begrünung 2 bis 3 Wochen lang gut gegossen, wobei der Kasten in der gleichen Schräglage (also mit waagerechtem Dach) an einem sonnigen bis halbschattigen Standort verbleibt. Erst wenn die Pflänzchen gut eingewurzelt sind, kann man ihn in der richtigen Position am vorgesehenen Ort vorsichtig aufhängen und das Gießen einstellen.

Tipp *Nistkästen für Höhlen- oder Halbhöhlenbrüter sollten in 2 bis 3 Meter Höhe in halbschattiger Lage aufgehängt werden. Das Einflugloch sollte nach Südosten oder Süden zeigen. Im Herbst reinigt man die Kästen mit einer trockenen groben Bürste von altem Nistmaterial und den darin überwinternden Parasiten und hängt sie dann wieder auf. So können z. B. Meisen den sauberen Kasten auch im Winter in kalten Nächten zum Schlafen nutzen.*

Pflanzen für die Nistkastendachbegrünung (sonniger bis halbschattiger Standort)

Deutscher Name ***Botanischer Name***	**Blütenfarbe**	**Anzahl (bei 10 cm²)**	**April**	**Mai**	**Juni**	**Juli**	**Aug.**	**Sept.**
Immergrünes Felsenblümchen *Draba aizoides*	gelb	1	✿	✿	✿	✿	✿	
Spinnweben-Hauswurz *Sempervivum arachnoideum*	hellrot	1				✿	✿	
Berg-Hauswurz *Sempervivum montanum*	violett	1				✿	✿	
Dach-Hauswurz *Sempervivum tectorum*	hellrot	1				✿	✿	✿

✿ = Blühzeit

Grüner Mauerpfosten

STECKBRIEF

PFOSTENGRÖSSE:	etwa 30 × 30 cm
EXPOSITION:	halbschattig bis schattig
SUBSTRATHÖHE:	10 – 15 cm
SUBSTRATGEMISCH:	1 Teil Blähton mit 1 Teil humose Erde (Rindenhumus)
BEGRÜNUNG:	Bepflanzung mit Stauden
SONSTIGES:	bei Trockenheit gießen

Gemauerte Pfosten vom Gartentor werden gerne mit Figuren, schönen Steinen oder einer bepflanzten Schale dekoriert. Da alle Figuren und Pflanzgefäße herunterfallen können, ist es besser, auf dem Pfosten eine Aufkantung zu befestigen und innerhalb des Randes zu begrünen. Selbst Mauerpfosten mit einem dachartigen Abschluss lassen sich so bepflanzen. Wichtig ist in allen Fällen, dass die Kante gut befestigt und aus stabilem Material gefertigt ist.

Da bei Mauerpfosten die Dachlast keine Rolle spielt, sollte man mit der Substratdicke großzügig sein. Je dicker die Schicht, desto mehr Wasser kann sie speichern und desto anspruchsvollere Pflanzen können hier wachsen. So ist dann eher die Besonnung des Mauerpfostens ausschlaggebend für die gewünschte Bepflanzung.

Auf einen Betonpfosten kann man eine Kante mit kleinen Natursteinen (z. B. Granitpflaster 4/6) und frostfestem Montagekleber »aufmauern«. An einer Ecke lässt man eine kleine Aussparung und dichtet ein kleines Röhrchen (oder eine kurze Rinne) ein, das als Wasserspeier verhindert, dass abfließendes Wasser am Pfosten hinunterläuft.

Aber auch ein Holzrahmen aus witterungsbeständigem Holz ist als Kante möglich, den man ebenfalls mit Montagekleber befestigt und mit einer Aussparung für den Wasserabfluss versieht. Je schmaler der Rahmen ausfällt, desto mehr Platz bleibt für die Pflanzenwurzeln. Je höher er ist, desto mehr Substrat kann in das kleine »Hochbeet« eingefüllt werden. Eine Folie ist nur nötig, wenn man den Kopf des gemauerten Pfostens schützen möchte. Ein Vlies empfehlen wir immer, denn es verhindert das Ausschwemmen von Erdbestandteilen, saugt Wasser auf und bietet den Pflanzenwurzeln zusätzlichen Halt.

Die Pflanzen werden im Abstand von etwa 10 Zentimetern gesetzt, wobei überhängende direkt an den Rand bzw. in die Ecken gepflanzt werden, aufrechte in die Mitte. Bei einer Pfostengröße von 30 × 30 Zentimetern reichen 5 Pflanzen aus.

Tipp *Ist der Mauerpfosten höher als etwa 150 Zentimeter, werden die Pflanzen nicht mehr aus der Nähe wahrgenommen. Hier sollte man nur Pflanzen mit hängender Wuchsform nehmen.*

Geeignete Pflanzen für ein halbschattiges bis schattiges »Pfostenhochbeet«

Deutscher Name ***Botanischer Name***	**Blütenfarbe**	**Wuchsform**	**Höhe (in cm)**	**März**	**April**	**Mai**	**Juni**	**Juli**	**Aug.**	**Sept.**
Berg-Segge *Carex montana*	gelblich	rotbraune Herbstfärbung	10 – 20	✿	✿	✿				
Rosa Gundermann *Glechoma hederacea Rosa*	rosa	überhängend	10 – 30		✿	✿	✿			
Wald-Erdbeere *Fragaria vesca*	weiß	Tochterpflanzen überhängend	5 – 15			✿	✿			
Gewöhnliche Gundelrebe *Glechoma hederacea*	blau	überhängend	10 – 30			✿	✿	✿	✿	
Tommasini-Glockenblume *Campanula tommasiniana*	lilablau	immergrün, hängende Triebe	10 -30				✿	✿	✿	
Mauer-Zimbelkraut *Cymbalaria muralis*	hellviolett	kriechend, überhängend	5 – 20				✿	✿	✿	✿
Kaukasus-Fetthenne *Sedum spurium*	rosa	Tochterrosetten hängend	10 – 15					✿	✿	
Brauner Streifenfarn *Asplenium trichomanes*	keine	immergrün, ungefiederte Wedel	5 – 15							
Gewöhnlicher Tüpfelfarn *Polypodium vulgare*	keine	wintergrün, gefiederte Wedel	10 – 30							

✿ = Blühzeit

Hummeln sind die ersten Bestäuber im Frühling, die sich auch an kühlen und windigen Tagen in schattige Gartenecken wagen.

Noch mehr Lebensräume im Garten schaffen

Sind noch Dachbegrünungspflanzen übrig geblieben? Oder möchten Sie weitere Magerstandorte in Ihrem Garten schaffen, um Pflanzen und Tieren neue Rückzugsräume zu bieten? Dann gibt es noch viele weitere Möglichkeiten:

Magere und sonnige Beete nach dem Vorbild einer Dachbegrünung können auch auf einer Mauer bzw. zwischen zwei Mauern entstehen. Sogar Gabionen kann man so begrünen. Dazu legt man die Steine an der Außenseite der Gitterkörbe etwa 15 Zentimeter höher, sodass in der Mitte eine kleine Wanne entsteht. Mit Vlies ausgekleidet und mit Dachsubstrat und Kompost gefüllt, können dann die zum Standort und Substrat passenden Dachpflanzen hineingesetzt werden. Je dicker die Substratauflage und je höher der Kompostanteil, desto schattenliebender dürfen die Pflanzen sein.

Der Sauberkeitsstreifen am Haus lässt sich ebenfalls problemlos mit Dachpflanzen verschönern. Man nimmt die Kiesel, die zwischen Fassade und Betonkante liegen (und was sich darunter verbirgt), so heraus, dass ein Beet von 12 Zentimeter Tiefe in der Sonne und 20 Zentimeter im Schatten entsteht. Darauf kommen ein Vlies und das passende Substratgemisch für sonnige oder schattige Standorte. Nun kann man geeignete Dachpflanzen setzen und gut angießen. Um die Fassade muss man sich dabei nicht sorgen, denn das Substrat spritzt bei Regen nicht an die Hauswand. Eine zur Fassadenfarbe passende Mulchdecke aus Splitt, Steinen oder kleinen Kieseln sieht aber trotzdem schön aus. Nach den ersten Wochen Anfangspflege reicht es selbst bei großen Dachüberständen aus, wenn solche Beete nur ab und zu gegossen werden.

Sicher gibt es auch noch viele andere Standorte, an denen Dachpflanzen gut gedeihen. So kann man auf einer gepflasterten Terrasse einzelne Platten entnehmen und den Sand oder Splitt entfernen. Auf die Tragschicht füllt man dann Dachsubstrat auf und pflanzt die passenden Dachstauden ein. Auf diese Weise entstehen Schachbrettbeete, die einer öden Steinfläche Leben verleihen. Wer die Dachpflanzen auf Augenhöhe erleben möchte, kann ein Tischbeet, einen Kübel oder Hochbeete damit begrünen.

Grüne Dächer pflegen

Sind die technischen Voraussetzungen erfüllt sowie Substrat und Bepflanzung auf den Standort abgestimmt, gibt es mit der Pflege des Dachs keine Probleme. Die Begrünung ist dauerhaft und wird jedes Jahr schöner. Eine fachgerecht zusammengestellte Pflanzengesellschaft auf dem Dach ist ohne größere Eingriffe für Jahrzehnte in der Lage, sich den Klima- und Wetterbedingungen anzupassen. Die einzigen Pflegemaßnahmen sind deshalb das Entfernen von Gehölzsämlingen einmal im Jahr und gegebenenfalls ein Rückschnitt höherer Stauden und Gräser nach dem Winter. Größere Aktionen stehen nur an, wenn Schäden an Unterbau oder Pflanzen auftreten.

Die meisten Schäden am Dach bzw. Gebäude entstehen durch falschen Einbau oder Beschädigung von Folie und Vlies, bei falscher Planung und Eindichtung der Entwässerung, durch verrottendes Holz am Dachrand, Verwendung rostender Schrauben und weitere technische Mängel. Schäden an den Pflanzen können durch unpassende Substratwahl, verstopfte Abflüsse, nicht standortgerechte Bepflanzung und extrem lange Trockenzeiten entstehen. Es gibt aber auch äußere Einflüsse wie extreme Stürme, Hagel, Brand und andere Extremereignisse, die Schäden am Gründach verursachen können.

Außer zu Pflege- oder Reparaturarbeiten gibt es aber auch viele schöne Anlässe, auf ein begrüntes Dach zu steigen. Dies kann die Wartung einer Nisthilfe, die Beobachtung eines neuen Dachbewohners oder das Fotografieren einer schönen Dachpflanze sein. Doch bei aller Begeisterung für das neue Biotop sollte man immer umsichtig und vorsichtig sein. Die eigene Unversehrtheit und Gesundheit ist immer wichtiger als die Pflege des Gründachs oder ein schönes Foto.

Rotkehlchen sind neugierig und begleiten Sie gerne bei der Pflege Ihres Gründachs, um freigelegte Insekten zu ergattern.

Vorsicht ist besser als Nachsicht

Weil die meisten Probleme mit dem Gründach ihre Ursache in Bau- und Bepflanzungsfehlern haben, hier noch mal in Kürze die wichtigsten Dinge, die bei der Dachbegrünung zu berücksichtigen sind. Da umsichtiges Bauen besser ist als Schäden im Nachhinein zu beheben, kann daran nicht oft genug erinnert werden.

Beschädigungen vermeiden

Haben Sie vor der Begrünung die Dichtigkeit der Dachhaut geprüft bzw. eine neue aufgelegt, muss immer gleich das Schutzvlies aufgelegt und an den Rändern beschwert werden. Dann sollte eigentlich nichts mehr passieren, was die Dachhaut beschädigen könnte. Doch leider passieren durch Unachtsamkeit immer wieder Dinge, die Dachbegrünungen in Verruf gebracht haben, weil die Dachhaut bereits vor oder beim Begrünen oder bei Wartungsarbeiten beschädigt wurde. Wenn Sie einige Grundlagen beachten, steht einer langen Lebensdauer aber nichts im Wege:

- ▷ Arbeiten Sie beim Abdichten des Dachs besonders umsichtig. Alle Nähte und Anschlüsse müssen fachgerecht abgedichtet werden.
- ▷ Bedenken Sie, dass auf der Folie nichts befestigt werden kann, ohne diese zu beschädigen! Dies gilt auch für Schubsicherungen (siehe dazu Seite 76).
- ▷ Lehnen Sie eine Leiter stets so an, dass der Dachrand nicht beschädigt wird.
- ▷ Betreten Sie das Dach nur mit sauberen Schuhen und nehmen Sie keine spitzen Geräte mit hinauf.
- ▷ Alle kleineren Werkzeuge und Beschläge gehören immer in ein Gefäß, z. B. in einen Eimer. Tragen Sie keine losen Nägel oder Schrauben auf das Dach und legen Sie die Werkzeuge immer wieder in das Gefäß zurück.
- ▷ Suchen Sie das Dach immer vor dem Auftragen der nächsten Schicht, z. B. des Schutzvlieses oder des Substrates, nach verloren gegangenen Gegenständen ab.

- Benutzen Sie zum Beschweren nur flache oder runde Steine und keine spitzen oder verschmutzten Feldsteine.
- Legen Sie die Vliesbahnen mit 10 bis 15 Zentimeter Überlappung auf, bei steilen Dächern von unten nach oben.
- Benutzen Sie zum Verteilen des Substrates auf dem Schutzvlies keine spitzen Werkzeuge, weder Hacken noch Rechen, sondern nur eine Flachschaufel.
- Benutzen Sie zum Pflanzen keine spitzen Handwerkzeuge, sondern nur flache Handschaufeln.
- Ziehen Sie unerwünschte Pflanzen wie Gehölzsämlinge oder Disteln nur heraus und benutzen Sie dazu keinen Unkrautstecher!
- Betreten Sie kleinere Dächer nur alleine und bei trockenem warmen Wetter, um die Konstruktion nicht zu überlasten.
- Schieben oder schippen Sie niemals Schnee vom Dach.

Angrenzende Gebäude schützen

Grenzt Ihre Garage oder das Carport an das Wohngebäude, müssen Sie dieses vor Nässe durch das Dachsubstrat ausreichend schützen (siehe Abbildung auf Seite 140).

Dazu wird die Dachfolie immer etwa 20 Zentimeter über die Substratoberkante an der Hauswand hochgezogen und mit einer passenden Klemmschiene befestigt. Das Befestigungsmaterial für die Klemmschiene muss zum Wandaufbau des Hauses passen. Die Klemmschiene wird anschließend von oben mit einem chemisch zu Folie passenden dauerelastischen Dichtmittel abgedichtet, sodass kein Wasser dahinterlaufen kann. Die Folie muss wiederum vor Sonnenstrahlung geschützt werden, da sie nicht gegen UV-Licht stabil ist. Dazu bringt man eine passende Blende aus Holz oder Blech an, damit die Folie abgedeckt ist. Meist ist an dieser Stelle auch mehr Dachlast zulässig, da sie über einer Stützmauer gelegen ist. So kann hier auch eine, an der Hauswand entlang aufgesetzte, kleine Trockenmauer mit eingebauten Nisthilfen die Folie kaschieren und zudem auch noch hübsch aussehen.

Grenzt die Garage an das Wohnhaus, muss die Fassade vor Nässe geschützt werden. Die Dachfolie wird dazu an der Hauswand hochgezogen (einige Zentimeter über der Substratoberkante), mit einer Klemmschiene befestigt und so gleichzeitig vor UV-Licht geschützt. Zusätzlich ist ein Kiesstreifen als Feuchtigkeitsschutz empfehlenswert.

Fassade und Fenster von angrenzenden Wohngebäuden können bei allen Begrünungsschritten beschädigt werden. Wird das Substrat auf das Dach geblasen oder geschüttet, müssen wegen der Staubentwicklung alle Fenster in der Umgebung geschlossen sein. Anhaftender Staub an der Fassade kann man entweder trocken mit einem weichen Besen oder nass bei der ersten Beregnung nach dem Säen oder Pflanzen mit dem Schlauch entfernen. Das Substrat und die eigenen Hände müssen aber bis nach der Bepflanzung trocken bleiben, denn im nassen Zustand können hässliche Flecken auf einer sauberen Fassade entstehen. Eine wärmegedämmte Fassade ist sehr empfindlich gegen Druck, deshalb sollte man sich hier nicht mit einer Hand abstützen oder schweres Gerät anlehnen. Die Fensterscheiben können gefährdet sein, wenn man mit einem langstieligen Gerät rückwärts arbeitet, deshalb sollte man die Rollläden, falls vorhanden, herunterlassen.

An der Grenze zu Wohngebäuden sind 50 Zentimeter breite Randstreifen aus Kies Vorschrift. Sie sollen der Brandsicherung dienen. Da richtig gepflegte Gründächer nicht brennen, kann man über diese Vorschrift geteilter Meinung sein. Bei einer angrenzenden Holzfassade ist der Kiesstreifen aber auch als Feuchtigkeitsschutz sinnvoll. Den Dränagekies lässt man sich am besten in Eimern hochreichen und schüttet ihn dann an den vorgesehenen Stellen in passender Schichtdicke und Breite am Rand zur angrenzenden Fassade aus. Ein geschwungener Verlauf des Kiesrandes und eine Abrundung der Dachecken sehen netter aus als eine gerade Linie. Das Substrat kann man direkt angrenzend anschütten, man kann es aber auch mit einem senkrecht eingebauten Vliesstreifen vom Kies trennen.

Tipp *Bei kritischen Anschlüssen von Nebengebäuden an die (gedämmte) Hausfassade sollte man immer erst Fachleute um Rat fragen, bevor man mit der Begrünung beginnt. Später ist es schwer zu korrigieren.*

Verletzungen und Unfälle vermeiden

Bei aller Liebe zu Natur und Garten hat der Schutz des Menschen Vorrang. Leider passieren immer noch die meisten Unfälle in Deutschland bei Haus- und Gartenarbeiten. Die Pflege eines Gründachs ist allein durch die Höhe besonders unfallträchtig und sollte nur von gesunden und umsichtigen Menschen mit ausreichender Sehkraft, ohne Kreislaufprobleme oder Höhenangst ausgeführt werden.

Ein begrüntes Dach dürfen Sie niemals bei Schnee und großer Nässe betreten. Zum einen besteht die Gefahr der statischen Überlastung (siehe Seite 47) des Daches, zum anderen das Risiko, dass Sie abrutschen und vom Dach stürzen. Bei großer Hitze, Dunkelheit, stürmischem Wetter und aufziehendem Gewitter sollten Sie das Dach ebenfalls nicht betreten.

Wenn Sie das Dach bei schönem Wetter betreten, muss immer eine zweite Person anwesend sein, die Ihre Leiter festhält und Sie vor Gefahren warnt. Ein unvorsichtiger Schritt nach hinten, ein Schreck durch einen lauten Knall, ein rufender Nachbar, ein klingelndes Telefon ..., es gibt viele Ereignisse, die Sie auf dem Dach stehend ablenken oder erschrecken können. Auch die Leiter kann umfallen, während Sie auf dem Dach stehen. Und falls Sie von Leiter oder Dach fallen sollten, was wir nicht hoffen, ist eine zweite Person wichtig, um Sie zu versorgen und Hilfe zu holen.

Aus dem Garten kennen Sie das Problem des Stolperns über langstielige Geräte und lange Schläuche. Was im Garten meist glimpflich ausgeht, kann auf einem Dach fatale Folgen haben. Falls Sie ein Kabel, einen Schlauch oder ein größeres Gerät brauchen, sollten Sie es immer sehr ordentlich hinlegen. Rote und gelbe Kabel, Schläuche und Gerätestiele werden besser wahrgenommen als schwarze, braune oder grüne. Kleingeräte gehören immer in einen auffällig gefärbten Eimer.

Zum Arbeiten auf dem Dach ziehen Sie bitte zweckmäßige Kleidung, besonders feste Schuhe, an. Schützen Sie Ihre eigenen Knie beim Pflanzen mit dicken Kniepolstern, wie sie auch von Fliesenlegern benutzt werden. Ihre Hände sollten in eng sitzenden Handschuhen aus Gewebe mit Kunststoffauflage stecken, damit man einerseits Fingerfertigkeit zum Pflanzen hat, die Finger aber auch ausreichend vor den scharfkantigen Substratteilchen geschützt sind.

Falls Sie gebückt oder im Knien gearbeitet haben, sollten Sie langsam aufstehen und einen Moment stehen bleiben. Auch gesunden Menschen kann es anschließend schwindelig werden. Ist man da bereits zum Dachrand gelaufen, kann man hinunterfallen.

Tipp *Falls Sie eine andere Person um Hilfe auf dem Dach bitten müssen, machen Sie diese bitte selbst auf die oben genannten Gefahren aufmerksam. Und drängen Sie niemals einen anderen Menschen, auf das Dach zu steigen!*

Pflege der Pflanzen und des Dachs

Gerade die Schwierigkeit, ein Dach zu betreten und zu pflegen, ist eine Chance für die natürliche Entwicklung ohne störende Eingriffe. Ein Dachbiotop ist ein ganz besonderer Standort, der unbepflanzt von zufällig vorbeifliegenden Samen von Pionierpflanzen besiedelt würde. Durch eine gezielte Bepflanzung wird dieser Vorgang bewusst übergangen und gelenkt. Doch es befinden sich immer noch genügend Kahlstellen auf dem Dach, die auch von Pionierpflanzen besiedelt werden können. Das ist aber kein Nachteil, sondern sollte als Vorteil für spannende Beobachtungen gesehen werden. Die natürliche Sukzession (Abfolge von Pflanzengesellschaften), die in unseren Breiten als Buchen-Mischwald enden würde, ist hier durch die geringe und magere Substratschicht unterbunden. Dennoch entwickelt sich auch eine Dachbegrünung weiter und ändert jedes Jahr ihr Gesicht.

Auch das Wetter hat einen wichtigen Einfluss auf die Pflanzenentwicklung. So kann ein Gründach jedes Frühjahr etwas anders aussehen, weil die eine oder andere Pflanzenart den Winter unterschiedlich überstanden hat. Es ist auch ganz natürlich, dass sich manche Arten ausbreiten und andere den Rückzug antreten. Hinzu kommen die Samen von Pflanzen, die mit dem Wind auf das Dach verfrachtet werden.

Bleiben Sie bei allen Änderungen ganz gelassen und richten Sie sich nach den im Folgenden genannten Anleitungen und Empfehlungen, die wir der Übersicht halber in verschiedene Kategorien von Pflege- und Reparaturarbeiten unterteilt haben.

Anfangspflege

Nur direkt nach dem Begrünen braucht Ihr Dach einige Wochen die volle Aufmerksamkeit. Da man ein Dach meist im späteren Frühjahr oder frühen Sommer begrünt, muss man besonderes Augenmerk auf die Anfangsbewässerung legen. Ganz gleich, welche Begrünungsform Sie gewählt haben, in den ersten Wochen muss das Dachsubstrat stets feucht sein, damit die Pflanzenwurzeln einen Anreiz haben, zu wachsen und sich im Substrat auszubreiten. Bei trockenem Wetter reichen 2 bis 3 Bewässerungen in der Woche mit etwa 10 Liter pro Quadratmeter aus. Am besten gefällt den Pflanzen ein Sprüh- oder Landregen aus der Gießbrause oder einem anderen Vorsatz des Gartenschlauchs. Bei genügend Wasserdruck kann man das auch vom Boden aus machen. Oder man steigt mit dem Schlauch auf eine Leiter, von der man das ganze Dach überblicken kann. Je nach Witterung kann es etwa 6 bis 8 Wochen dauern, bis die Pflanzen genügend Wurzeln gebildet haben, um auch trockenere Phasen zu überdauern.

Einsaaten sollten gleichmäßiger feucht gehalten werden. Sie brauchen manchmal lange zum Keimen, je nach Standort und Witterung. Manche Arten keimen erst im Folgejahr, nachdem sie im Winter Frost bekommen haben (Frostkeimer).

Tipp *Es ist besser, eine Neupflanzung seltener, dafür aber durchdringender zu gießen, als oft mit wenig Wasser. Das Wasser soll in die unteren Substratschichten gelangen, wo es auch länger gespeichert wird. Nur dann wachsen die Wurzeln nach unten. Gießt man immer nur oberflächlich, wachsen die Wurzeln in die oberen Substratschichten, wo sie bei der nächsten Trockenperiode schnell verdursten. Dies gilt übrigens auch für Rasen sowie Nutz- und Zierpflanzen in Kübeln und Beeten.*

Eine Auflage mit Gemüsevlies direkt nach einer Einsaat oder Sprossenbegrünung und in den folgenden 4 bis 6 bzw. 2 bis 3 Wochen gehört ebenfalls zur Anfangspflege. Das dünne weiße Material schützt vor intensiver Sonnenstrahlung, aber auch vor Nachtfrösten bei klarem Himmel. Es verhindert, dass Samen oder Sprossen vor dem Einwurzeln durch Wind davongetragen werden. Es schützt die oberste Substratschicht vor dem Austrocknen durch Wind und Sonne. Es fängt sogar Luftfeuchte in der Nacht und bei Nebel ein und gibt sie in Form von Tropfen an das Substrat ab. Auch bei der Begrünung mit Kleintopfstauden und Grassoden kann man diese Methode anwenden. Man entfernt das Vlies erst, wenn man beobachtet, dass die Keimlinge der Samen das Vlies anheben. Sedumsprossen können das Vlies auch bewurzeln, was ebenfalls nicht erwünscht ist. Bleiben einige Pflänzchen am Vlies beim Entfernen hängen, kann man sie vorsichtig ablösen und wieder ins Substrat stecken.

Mit Stauden bepflanzte Dächer brauchen kein Gmüsevlies. Will man es zur Sicherheit dennoch verwenden, sollte man es spätestens nach 2 Wochen wieder entfernen.

Tipp *Das Gemüsevlies lässt sich in passenden Stücken noch viele Jahre im Garten zum Schutz von Pflanzenkulturen weiterverwenden. Wir haben damit auf Dächern und in der Pflanzenvermehrung die besten Erfahrungen gemacht.*

Technische Unterhaltungspflege

Nach der Anfangspflege der ersten Wochen beginnt die regelmäßige Unterhaltungspflege der technischen Teile des Dachs. Diese sollten Sie in Ihre gewohnten jährlichen Kontrollen rund ums Haus, z. B. zum Reinigen der Regenrinnen, integrieren. In der Regel reicht das einmal im Jahr aus. Je nachdem, wie Ihr Dach aussieht, fallen unterschiedliche Arbeiten an:

▷ **Entwässerung an der Traufe kontrollieren**

Dachrinnen müssen im Herbst gereinigt werden, damit das Falllaub nicht die Rinne verstopft. Im Stutzen des Fallrohres kann man einen Laubkorb anbringen, der das Verstopfen verhindert. Besser ist es, man montiert von Beginn an spezielle Laubgitter über die Rinne, sodass kein Laub mehr hineingelangen kann.

Die Kiespackung und das Gitter vor der Rinne schützen vor dem Einspülen kleiner Substratteilchen. Sie können bei ungeeignetem Substrat verstopfen. Kommt kein Dachwasser in der Rinne an, ist entweder das Vlies oder das Gitter (bzw. die Aussparungen im Traufblech bzw. -balken) mit feinen Teilchen zugesetzt. Man kann dann die gesamte Kiespackung mit Vlies erneuern, ohne die Begrünung zu beschädigen.

Ist Substrat am unteren Dachende heruntergerutscht und lagert nun auf der Kiespackung, muss es entfernt werden. Man baut dann eine zusätzliche Schubschwelle mit Aussparungen, bevor man den Kiesstreifen reinigt und erneuert.

Kletterpflanzen an der Fassade müssen stets so abgeschnitten werden, dass sie nicht die Regenrinne erobern und verstopfen können.

▹ **Gullys kontrollieren**

Dachabläufe auf flachen bzw. flach geneigten Dächern sind in der Regel mit einem halbkugelförmigen Gitterrost (Sieb) vor dem Verstopfen geschützt, Gullys mit einem Aufsatzrahmen meist mit einem flachen Gitterrost. Hier stülpt man besser noch einen passenden Aufsatz (Gitterkorb, Kiesfang) über, damit sich kein Laub auf dem Gully sammeln kann. Die Kiespackung mit Vlies um den Bodeneinlauf herum schützt vor dem Einspülen kleiner Teilchen. Läuft dennoch kein Wasser in den Gully, muss man das Vlies der Kiespackung inspizieren. Vielleicht ist es mit feinen Bodenteilchen zugesetzt. Dann muss man es durch ein neues Vlies ersetzen. Da man das Substrat um den Kiesrand herum großflächiger abräumen muss, sollte man bei der Wiederherstellung um die neue »Kieswurst« nur körniges Material ohne Kompost schütten. Dazu kann man das abgeräumte Material sieben und verwendet anschließend nur die grobe Körnung aus dem Sieb.

▹ **Dachrand und Halterungen prüfen**

Der Dachrand sollte ebenfalls regelmäßig inspiziert werden, besonders wenn er aus Holzbrettern gebaut wurde. Nur wenn das Holz abtrocknen kann, verrottet es nicht. Biegen sich die Bretter durch, müssen sie unterstützt werden. Die Durchlässe für das Wasser an der Traufe dürfen nicht verstopfen. Aber auch Halterungen und Beschläge sollte man immer mal überprüfen, denn sie könnten korrodieren.

▹ **Dekorationsmaterialien**

Alles, was zur Dekoration auf das Dach gebracht wurde, sollte auch bei stärkstem Sturm an Ort und Stelle liegen bleiben. Nicht frostfeste Gegenstände und sogar Steine können im Winter zerplatzen. Bei Wind herunterfallende Scherben stellen dann eine erhebliche Gefahr dar. Holz kann verrotten und sich so von der Verankerung lösen. Gehen Sie keine unnötigen Risiken ein und entfernen Sie riskantes Material.

▹ **Tierquartiere**

Bei Hummelnistkästen soll man jährlich benutztes Nistmaterial entfernen und durch neues ersetzen. Insektennistwände braucht man nicht zu pflegen, sondern gegebenenfalls nur zu reparieren. Nach einigen Jahren kann man die Stängel austauschen. Holz mit Bohrlöchern kann man im Herbst austauschen, wenn alle Löcher bereits benutzt worden sind, denn sie werden oft kein zweites Mal belegt. Nistkästen für Vögel sollte man bereits im frühen Herbst entleeren. Am besten hängt man sie ab und öffnet sie erst im Garten über dem Kompostbehälter. Da die alten Nester oft voller Flöhe und Milben sind, sollte man dabei einen Overall und Handschuhe tragen und schnell arbeiten. Putzen mit Wasser oder gar Insektiziden sollte man aber tunlichst unterlassen! Hängen Sie die sauberen Kästen dann gleich wieder auf. Denn viele Höhlenbrüter schlafen in kalten Winternächten in den Kästen. Bilche wie Haselmaus und Gartenschläfer ziehen bereits im Oktober für den Winterschlaf ein.

Pflege der Begrünung

Man braucht bei flachen und flach geneigten Dächern nur eine Inspektion im Jahr, um unerwünschte Pflanzen (z. B. Gehölzsämlinge wie Birken und Weiden) zu entfernen und Probleme zu erkennen. Ansonsten sollte man die Spontanentwicklung mit fremden Gräsern und Blütenstauden nicht stören. Außer Gehölzsämlingen und Acker-Disteln, die mit ihren langen bzw. spitzen Wurzeln die Dachdichtung beschädigen können, gibt es auf dem Dach kein »Unkraut«, sondern nur Pionierarten, die das Dach besiedeln. Es reicht also, einmal im Jahr nach Gehölzsämlingen und Disteln Ausschau zu halten und sie vorsichtig aus dem Substrat zu ziehen. Keinesfalls darf man einen Unkrautstecher oder ähnliches Werkzeug benutzen!

Kontrollgänge betreffen auch die Entwässerung, den Zustand der Dachränder und andere Bauteile. Das sporadische Bewachsen des Kiesstreifens mit niedrigen Stauden und Gräsern ist kein Problem, solange die Dränage funktioniert.

In langen Trockenperioden (mehr als 4 bis 5 Wochen bei naturnaher und extensiver Begrünung, bei intensiver Begrünung bereits nach 2 Wochen) kann eine zusätzliche Bewässerung notwendig werden: Bei kleineren Nebengebäuden kann man das Dach von einer Standleiter aus mit einem Gartenschlauch bei feiner Düseneinstellung beregnen. Weniger als 10 Liter pro Quadratmeter sollten es aber nicht sein. Schauen Sie dazu auf eine Uhr, wie lange es dauert, bis eine Gießkanne mit dem Schlauch bei gleichem Strahl befüllt ist, und rechnen Sie die Zeit auf die Quadratmeter Ihres Dachs um. Am besten fängt man an der höchsten Stelle des Dachs mit der Beregnung an und benetzt nach und nach das gesamte Dach. War das Substrat vorher komplett ausgetrocknet, dauert es eine Weile, bis es das Wasser aufsaugt. Erst wenn überschüssiges Wasser an der Traufe wieder zum Vorschein kommt, ist das Substrat mit Wasser gesättigt (gute Substrate können bei 10 Zentimeter Höhe mehr als 30 Liter Regen pro Quadratmeter aufsaugen!).

Kein Unkraut!

Auf vielen Gründächern siedeln sich ein- und mehrjährige Kräuter ganz von selbst an. Sie müssen nicht entfernt werden, solange sie nicht überhandnehmen. Typische Besiedler sind z. B. der Gewöhnlicher Reiherschnabel *(Erodium cicutarium)*, das Acker-Stiefmütterchen *(Viola arvensis)*, das Kleine Habichtskraut *(Hieracium pilosella)*, Frühlings-Hungerblümchen *(Erophila verna)*, Geruchlose Kamille *(Tripleurospermum inodorum)*, Quendel-Sandkraut *(Arenaria serpyllifolia)*, Niederliegendes Mastkraut *(Sagina procumbens)*, Kleiner Sauerampfer *(Rumex acetosella)*, Gemeines Greiskraut *(Senecio vulgaris)*, Hopfen-Schneckenklee (*Medicago lupulina)*, Acker-Ehrenpreis *(Veronica agrestis)* und verschiedene Grasarten.
Nehmen die genannten (und andere) Arten überhand, rupft man sie einfach mit der Hand aus, bevor sie Samen gebildet haben!

Je nach Pflanzenart ist der Pflegebedarf unterschiedlich:

▹ **Stauden sind pflegeleicht!**

Die Pflege einzelner Stauden ist nicht nötig! Weder schneidet man im Herbst abgestorbene Halme ab noch vertrocknete Blätter. Vertrocknete Pflanzenteile schützen die Pflanzen im Winter und bieten Insekten Überwinterungsmöglichkeiten. Denn in hohlen Halmen sowie zwischen abgestorbenen Horsten und aufliegendem Schnee bildet sich eine schützende Höhle, in der Insekten überwintern können. Abgestorbene Pflanzenteile fliegen nach dem Neuaustrieb im Frühjahr von selbst davon oder verrotten auf dem Dach und düngen so ihre Nachkommen. Wer es ordentlicher mag, kann die vertrockneten Pflanzenteile aber auch im März oder April abschneiden, unter eine Hecke legen oder auf einen offenen Komposthaufen legen.

▹ **Grasdächer eventuell mähen und abrechen**

Ist der Aufwuchs eines vorwiegend mit Gräsern besiedelten Dachs zu üppig, kann man ihn gegebenenfalls vorsichtig per Hand mit einer Sichel oder einer elektrisch betriebenen Handheckenschere abmähen. Die Ursache ist meist ein Zuviel an Nährstoffen im Substrat. Mit dem Entfernen des Aufwuchses werden die Nährstoffe mit der Zeit entzogen. Mengen an vertrockneten Gräsern werden mit einem Fächerbesen, Kunststoff- oder Holzrechen ausgekämmt. Aber auch Laubfall kann zu unerwünschtem Humuseintrag führen. Es sollte daher möglichst bald nach dem Fallen vorsichtig abgerecht werden.

▹ **Kletterpflanzen regelmäßig kontrollieren**

Eine Fassadenbegrünung kann schnell bis auf das Dach hinaufwachsen und die Dachbegrünung vollständig überwachsen. Das sollte man auf alle Fälle verhindern, indem man die Kletterpflanzen regelmäßig unterhalb des Dachüberstandes abschneidet. Besonders die Selbstklimmer müssen zweimal im Jahr überwacht werden. Kletterhilfen bringt man am besten so an, dass die Kletterpflanzen, die darauf angewiesen sind, von dort nicht weiter ranken, klimmen oder winden können.

Sind die Kletterpflanzen als Dachbegrünung vorgesehen, muss man sie durch Anbinden und Abschneiden in die richtige Richtung lenken. Gullys, Regenrinnen, Fenster und Türen müssen regelmäßig freigeschnitten werden.

Tipp *Bei Schnee darf man das Dach nicht betreten! Nur ohne Schnee ist man durch die beim Bau des Gebäudes berücksichtige Verkehrslast sicher, wenn man das Dach zur Kontrolle betritt. Allerdings darf dann auf einem kleineren Dach nur eine Person stehen! Am sichersten ist es, wenn das Dach im Sommer, und nur wenn das Substrat trocken ist, betreten wird (mehr dazu auf Seite 47).*

Nährstoffversorgung nach einigen Jahren

Wenn eine üppige und gesunde Intensivbegrünung plötzlich die Farbe ändert, kümmert oder andere Veränderungen ausweist, kann neben Trockenheit oder Staunässe auch Nährstoffmangel die Ursache sein.

Das Düngen von extensiven und naturnahen Dachbegrünungen ist jedoch nicht nötig und sogar schädlich. Es erhöht den Wasserbedarf der Pflanzen und macht sie anfälliger für Schädlinge und Krankheiten. Nur Zwerggehölze dürfen nach einigen Jahren gezielt mit einem Esslöffel Hornspäne oder einer kleinen Schaufel voll Kompost nachgedüngt werden, wenn sie Anzeichen von Nährstoffmangel zeigen. Kleinwüchsigkeit und Krüppelwuchs gehören allerdings nicht dazu, sondern sind typisch für diese Arten.

Nur wenn ein Mangel eines bestimmten Minerals (z. B. Magnesium) anhand der Blattfarbe vom Fachmann erkannt wird, kann man dieses gezielt in der empfohlenen Dosis verabreichen.

Verschiedene Schadbilder weisen auf Nährstoffmangel hin. Meist muss nur ein einziges Mineral zugeführt werden. Am besten fragt man einen Fachmann, um welche Mangelerscheinung es sich handelt. Zum Nachdüngen sind nur Gesteinsmehle, feiner Kompost, Hornspäne oder Dünger in Pulverform zugelassen, die man einfach in der angegebenen Menge zwischen den Pflanzen ausstreut und anschließend mit einem sanften Regen einspült. Übliche flüssige Universaldünger sind ungeeignet für Dachsubstrate. Sie bewirken hier nichts und landen nach dem nächsten Regen in der Entwässerung!

Ist das Substrat nach einigen Jahren durch Luftschadstoffe und/oder sauren Regen zu sauer geworden, sieht man das an gelben Blättern im Frühsommer. Als Gegenmittel kann man etwas Kalk, am besten in Form von Algenkalk, aufstreuen. Dieser enthält auch zahlreiche andere Spurenelemente, die von den Pflanzen aufgenommen werden. Aber auch Kalksplitt der Korngröße 0/16 ist eine preiswerte, gute und dazu noch dekorative Alternative. Saurer Boden bindet vorhandene Spurenelemente, sodass sie, obwohl im Substrat vorhanden, von den Pflanzen nicht genutzt werden können. Durch Neutralisierung der sauren Bodenbestandteile mit Kalk werden sie wieder mobilisiert und für die Pflanzen verfügbar.

Pflanzenschädlinge

Auch auf der schönsten Dachbegrünung können Pflanzenschädlinge auftreten. Einzelne Tierchen sind völlig harmlos. Massenbefall tritt nur auf, wenn die Pflanzen anderweitig gestresst sind, z. B. durch große Hitze oder Trockenheit. Aber auch Überdüngung kann zur massenhaften Vermehrung von saugenden Insekten führen. Der Grund ist, dass gute Nährstoffversorgung zu dünnen Zellwänden in den Blättern führt. Außerdem bilden viele Pflanzen dann weniger Abwehrstoffe, was auch Pilz- und Bakterienbefall begünstigt. Auch zu viel Nässe fördert unerwünschte Mikroorganismen, z. B. Pilze. Ein »Leben am Limit« ist somit für die Dachpflanzen die natürlichste und gesündeste Umgebung.

Durch organische Zuschlagstoffe wie beispielsweise Kompost und gekaufte Pflanzen können jedoch Pilzsporen eingeschleppt werden. In diesem Fall nicht wässern oder gar düngen, sondern einfach abwarten. Die Pilze verschwinden in der nächsten Trockenphase ganz von selbst wieder, denn bei den extremen Bedingungen auf dem Dach können sie weder überdauern noch sich vermehren. Die Fruchtkörper von Holz zersetzenden Pilzen gehören nicht zu den Schädlingen, sondern sind völlig harmlos. Auf Ästen oder Wurzelstubben verschwinden sie bald, weil es auf dem Dach meist zu trocken ist. Pilze auf hölzernen Bauteilen weisen jedoch auf deren Verrottung hin, sodass hier schnell gehandelt werden sollte. Man muss die Ursache für die ständige Feuchtigkeit finden, bevor man das Bauteil austauscht.

Das Verwenden von Bioziden ist auf dem Dach nicht angebracht, weder mit chemischen, noch mit sogenannten biologischen Mitteln. Das massenhafte Auftreten von tierischen »Schädlingen« wie Blattläusen ist ein ganz normaler Vorgang und regelt sich durch das Auftauchen von Gegenspielern wie z. B. Marienkäfer ganz von selbst. Bleiben Sie einfach gelassen und warten Sie ab, was passiert. Die meisten Pflanzen haben genügend Reserven, selbst nach einem »Kahlfraß« wieder auszutreiben.

Ein naturnahes Umfeld, z. B. ein naturnaher Garten, hilft, das natürliche Gleichgewicht zwischen Nützlingen und Schädlingen zu bewahren. So können Sie auch im Garten Nützlinge fördern, indem Sie heimische Arten pflanzen, Versteckmöglichkeiten schaffen und auf jeglichen

Einsatz von Giften verzichten. Die meisten Nützlinge finden die Beutetiere auf dem Dach schnell und halten sie in Schach.

Unerwünschte Gäste

So gerne wir Tiere haben, manche von ihnen können auch lästig sein oder gar die Dachbegrünung schädigen. Doch vor dem Vergrämen sollte man sich schon sicher sein, dass die Tiere wirklich Schaden anrichten und gegebenenfalls nur zu tiergerechten und umweltfreundlichen Mitteln greifen:

- **Wespen und Hornissen** zählen zu den Nützlingen und dürfen nicht bekämpft werden. Hornissen und die meisten anderen Wespenarten sind völlig harmlos und wichtige Räuber, die viele andere Insektenarten vertilgen. Nur die Deutsche und die Sächsische Wespe interessieren sich auch für den gedeckten Tisch von Menschen und können lästig werden. Sind kleine Kinder oder Allergiker im Haus, kann man gegebenenfalls einen Fachmann um die frühzeitige und fachgerechte Umsiedlung des Volkes bitten.

- Manchmal gehen **Katzen** auf ein Gründach und markieren dort ihr Revier mit Urin oder Kot. Das Scharren im Substrat und die ätzenden Ausscheidungen können die Begrünung stellenweise schädigen. Zum Vergrämen von Katzen eignet sich ein Wasserschlauch oder eine Wasserpistole. Am wirkungsvollsten ist diese Methode, wenn die Katze einen dabei nicht sieht. Vielleicht kann man ihr auch ganz einfach mit etwas Draht den Weg auf das Dach versperren.
- **Marder** sind ausschließlich nachts aktiv und markieren ihr Revier gerne an exponierten Stellen, z. B. auf dem Giebel oder dem höchsten Stein auf dem Dach. Im Sommer kann man ihren Kot gut von Katzenkot unterscheiden, da sich Pflanzensamen von Beeren gut sichtbar darin befinden. Marder sollte man immer, gegebenenfalls mit Hilfe eines Fachmannes, vom Dach vertreiben. Denn sie haben in einem Gebäude in der Nähe, z. B. auf dem Dachboden des Hauses, ihren Unterschlupf, wo sie auch ihre Jungen großziehen. Man kann es auch erst einmal selbst mit einem locker auf das Dach

gelegten (aber gegen Herunterfallen gesicherten) Kaninchendraht probieren. Solche flexiblen Untergründe erschrecken sie.

- Auch in Scharen auftretende **Vögel** wie Tauben, Krähen oder Möwen können die Vegetation mit ihren Ausscheidungen schädigen, wenn sie das Dach zu ihrem Rastplatz erklären. Hier kann man sich vorübergehend mit flatternden bunten Bändern oder Plastikstreifen an über das Dach gespannten Seilen behelfen. Sieht man das Problem bereits vor der Begrünung voraus, sollte man über eine feste Installation nachdenken. Windräder und Ähnliches müssen aber von den Nachbarn befürwortet, unter Umständen sogar vorher vom Bauamt genehmigt werden.

Tipp *Ultraschall- und andere Lärmanlagen gegen unerwünschte Tiere sollte man keinesfalls benutzen. Sie verstören auch erwünschte Gäste oder Haustiere und werden von jungen Menschen wahrgenommen. Die Geräte müssen von Nachbarn nicht geduldet werden und sind auf Dauer auch völlig wirkungslos, da sich die unerwünschten Tiere meist am schnellsten daran gewöhnen.*

Ausbessern von Substrat- und Vegetationsschäden

Kleinere Schäden an Substrat und Vegetation können ausgebessert werden, wenn sie nicht mehr als etwa 10 Prozent der Dachfläche betreffen. Am besten sucht man erst einmal nach der Ursache der Schäden, damit man auch nachhaltig ausbessern kann. Andernfalls hat man das gleiche Problem bald wieder. So können Sie kleine Schäden beheben:

- **Nachpflanzen bzw. -säen von Kahlstellen:**

Kleinere unbepflanzte Flächen auf dem naturnahen Dach sind kein Mangel, sondern erhöhen die Vielgestaltigkeit. Ganz sicher findet sich bald ein »Liebhaber« in Pflanzen- oder Tiergestalt, der diese Fläche besiedelt bzw. nutzt. Empfindet man selbst eine Kahlfläche als optisch störend, muss man zunächst die Ursache dafür ermitteln. Meist ist es hier zu trocken (Regenschatten), zu nass (stehendes Wasser bei unebenen Flachdächern), zu windig (Windecken) oder zu schattig. Bei jungen Dachbegrünungen kann man einfach warten, was sich nach und nach von selbst ansiedelt (außer Gehölzen). Oder man deckt die Stelle dekorativ mit Kies, schönen Steinen, einer Wurzel oder Ähnlichem (was nicht herunterfallen kann!) ab. Für den Regenschatten eignen sich Insektennisthilfen oder ein kleiner Haufen lehmiger Sand besonders gut. So braucht man nicht aufwendig und ohne Erfolgsgarantie nachpflanzen, sondern nutzt die freie Fläche, die Vielfalt auf dem Dach zu erhöhen.

▹ **Frost- und Nässeschäden:**
Hier können, bei falscher Pflanzenwahl, einzelne Arten, die dem Frost nicht standgehalten haben bzw. bei anhaltendem Frost vertrocknet sind, nach dem Winter abgestorben sein. Man braucht sie nicht entfernen, denn in der Regel übernehmen andere frosttolerantere den frei gewordenen Platz. Manchmal treiben die geschädigten Pflanzen aber auch wieder von selbst aus, obwohl sie abgestorben schienen. Deshalb unbedingt bis zum Juni warten, bevor man eine Pflanze für abgestorben erklärt.

Die meisten »Frostschäden« sind jedoch Nässeschäden, bei denen der Wurzelballen im Winter verfault ist, weil es im Winter zu nass war. Bei guter Dränage, mageren Substraten und der Verwendung von Flachballen passiert dies jedoch sehr selten.

▹ **Hochfrieren einzelner Wurzelballen:**
Die Ursache für das Hochfrieren ist, dass der Wurzelballen mehr Wasser speichert als das Substrat, sich deshalb bei Frost ausdehnt und dabei die Pflanze nach oben schiebt. Bei Verwendung von speziell für die Dachbegrünung angezogener Kleintopfstauden mit flachem Ballen sollte das nicht passieren, da die Pflanzen in einem ähnlich mageren Substrat gezogen wurden. Auch zu spätes Pflanzen (nach September) kann die Ursache sein, da die Stauden nicht mehr genügend Zeit zum Einwurzeln hatten. Man kann die hochgefrorenen Ballen im Frühjahr wieder andrücken oder neu, und diesmal etwas tiefer, einpflanzen. Notfalls entfernt man dazu den unteren Teil des Ballens, damit er flacher wird.

▷ **Flächige Frostanhebungen:**
Wenn sich ganze Flächen anheben, ist meist das Substrat zu humusreich und nass. Auch eine Senke mit stehendem Wasser unter dem Substrat kann die Ursache sein, wenn sich hier Eis bildet. Hier muss man das Substrat lockern und mit mineralischen porenreichen Schüttstoffen (z. B. Bims) abmagern. Aber auch eine verstopfte Dränage bzw. ein verstopfter Wasserablauf kann die Ursache sein. Dieses Problem muss möglichst bald behoben werden.

▷ **Substratschwund:**
Die Substratschicht kann aufgrund von Setzungen dünner werden. Das passiert nur bei Substraten, die nicht genügend strukturstabil sind und bei Frost verwittern. Oder es wurde zu viel organisches Material benutzt, das sich setzt und nach ein paar Jahren abgebaut ist. Man füllt einfach neues, strukturstabiles und zur Bepflanzung passendes Substrat etwa 1 bis 3 Zentimeter hoch auf, ohne dabei die Pflanzen zuzudecken.

▷ **Windverwehungen:**
An windexponierten Stellen wird es auch nach dem Auffüllen von neuem Substrat immer wieder Verwehungen geben. Deshalb muss man das neue Substrat mit Soden begrünen oder mit flachen Steinen, Kies oder einem anderen geeigneten Material, das selbst nicht weggeweht wird, abdecken. Aus einem Vliesrest kann man auch eine Vegetationsmatte herstellen. Dazu näht man ihn zu einem Sack zusammen, füllt ihn mit etwas Substrat und legt ihn flach auf. In die obere Vliesbahn schneidet man kreuzförmige Schlitze und pflanzt besonders windstabile Pflanzen, z. B. Horstgräser (siehe Tabelle auf Seite 130) hinein. Das sichtbare Vlies deckt man mit großen Kieseln oder flachen Steinen ab (die jedoch nicht hinuntergeweht werden dürfen!).

▷ **Wassererosion:**
An Steildächern kann das Substrat vom schnell abfließenden Wasser bei Starkregen mitgenommen werden. Meist ist das Dach zu steil, es wurden nicht genügend Schubschwellen eingebaut, die Substratdecke war zu dünn oder das Material nicht geeignet (fehlende Bindigkeit,

Benetzbarkeit u. a.). Auch eine zu dünne Anfangsbepflanzung kann dazu führen. Mit aufgelegten Grassoden kann man kleinflächige Schäden reparieren. Großflächige Schäden können nicht repariert werden. Hier muss der Unterbau noch mal neu gebaut und Substrateinbau und Begrünung ein zweites Mal durchgeführt werden.

▹ **Vernässung:**
Bei Flachdächern können Senken mit stehendem Wasser die Ursache für Vernässung sein. Hier kann man das Substrat etwas dicker aufschütten und so einen kleinen Hügel bilden, damit die Pflanzen nicht dauernd im Wasser stehen. Oder man dekoriert die Stelle mit Kieseln.

Vernässungen können auch aufgrund einer verstopften Dränage entstehen. Diese muss man dann aus- und neu wieder einbauen. Zu dichtes und humusreiches Substrat führt ebenfalls zu Vernässungen. Man kann es vorsichtig auflockern und Dachsubstrat ohne Humusanteil untermischen. Ständig vernässte Dächer ohne Gefälle (0-Grad-Dächer) müssen gegebenenfalls zweischichtig begrünt werden. Die untere Schicht mit mineralischem Dachsubstrat ohne Humusanteile dient als Dränage und kann mit einem weiteren Vlies von der Substratschicht getrennt werden. (Siehe dazu Seite 62.)

▹ **Trockenschäden:**
Die Vegetation auf dem Dach kann aufgrund falscher Pflanzenwahl, zu geringer Substratdicke und lang anhaltender Trockenheit komplett ausfallen. Doch muss man nicht gleich alles neu bepflanzen, sondern kann warten, bis sich die Vegetation von selbst umstellt. Das heißt, besser angepasste Arten setzen sich durch oder siedeln sich hier neu an. Bei Begrünungen mit Grassoden sind Trockenschäden im ersten trockenen Sommer die Regel. Gräser können sich aber erstaunlich gut regenerieren. Hier setzen sich mit der Zeit besser angepasste Arten durch und nutzen die vertrockneten Grassoden als Wurzelgrund.

Trockenschäden können auch auftreten, wenn das Substrat überdüngt ist und die Pflanzen aufgrund zu großer Blattmasse und zu kleiner Wurzelballen vertrocknen. Hier ist bei Trockenheit zusätzliche Bewässerung zu empfehlen.

▷ **Saurer Regen:**
Gute Dachsubstrate (z. B. die von uns empfohlenen Lava-Bims-Mischungen) puffern die Säure im Regen ab und bleiben lange im neutralen Bereich. Man kann den Kalkgehalt des Substrates aber auch mit einer dünnen Mulchdecke aus Kalksplitt (zusätzliches Gewicht bedenken!) erhöhen. Hellgrauer Kalksplitt sieht wesentlich dekorativer aus als die dunklen Substrate und bringt kleine Pflänzchen und deren Blüten besser zur Geltung. Kalk liebende Pflanzen wachsen hier besser und saurer Regen wird dauerhaft neutralisiert.

Sanierungsfälle

Manche großflächigen Schäden lassen sich nicht mehr reparieren. Besonders, wenn das Gebäude selbst geschädigt wird, hilft nur eine Totalsanierung. Hier müssen der Unterbau und die Begrünung komplett erneuert werden. Dabei geht man wie am Anfang des Buchs beschrieben vor (siehe Seite 61).

Von der alten Begrünung muss man nicht alles wegwerfen, sondern kann viele Materialien und die meisten Pflanzen entweder auf dem neuen Dach oder an geeigneten Standorten im Garten wiederverwenden (siehe Seite 159). So gehen Sie im Einzelfall vor:

▷ **Undichte Dachhaut:**
Wenn es an der Unterseite des Daches tropft, muss nicht immer eine Undichtigkeit der Dachfolie die Ursache sein. So kann ein am Rand des Dachs hochgezogenes Schutzvlies (unter der Folie) die Ursache sein. Es saugt Wasser wie ein Docht aus dem Substrat, sodass die Feuchtigkeit unter die Folie kriechen kann. An der niedrigsten Stelle kommt es dann unter Umständen zum Vorschein und tropft ab. Aber auch Kondenswasser, das sich an warmen und feuchten Tagen an der kälteren Dachunterseite bildet, tropft von der Dachunterseite, sodass man im ersten Moment glaubt, eine undichte Dachhaut zu haben.

Undichtigkeiten der Folie treten am ehesten an Durchlässen für Kabel und Entlüftungsrohre auf. Hier kann man versuchen, durch Anheben des Vlieses mitsamt dem Substrat die undichte Stelle zu finden, wenn man einen bestimmten Verdacht hat. Ist die Stelle nicht so leicht auszumachen, hilft nur, alles abzuräumen und die Folie genau zu inspizieren. Mit Folienstücken und geeigneten Klebern kann man eine undichte gesäuberte Folie wieder abdichten. Die Pflanzen und das Substrat können wiederverwendet werden (siehe Seite 160).

Gut begehbare Flachdächer mit ausreichend Lastreserven können auch je zur Hälfte abgeräumt, inspiziert und repariert werden. Sind genügend Lastreserven vorhanden, kann man das Substrat nach dem Entfernen der Pflanzen auf die andere Dachhälfte schippen. So braucht man nicht alles Material vom Dach herunterschaffen und kann es an Ort und Stelle wiederverwenden.

▹ **Totalausfall der Vegetation:**
Hier sollte man erst einmal abwarten, denn die Vegetation kann sich auch von selbst wieder erholen. Meist sind falsche Pflanzenwahl und zu große Trockenheit die Ursachen. Bei großer Masse abgestorbener Pflanzen (z. B. Gräsern) kann es gegebenenfalls sinnvoll sein, diese vorsichtig abzurechen, damit eine Wiederbesiedlung schneller erfolgen kann. Neusaaten bzw. -bepflanzungen sind nur nötig, wenn sich auch in der folgenden Vegetationsperiode keine neuen Pflanzen zeigen bzw. die alten nicht wieder austreiben.

▹ **Verfilzte alte Begrünung:**
Ältere und viele Jahre nicht gepflegte Dachbegrünungen können so verfilzt sein, dass man die aufwachsenden Gehölze nicht mehr herausziehen kann. Da man hier nicht mit Werkzeugen arbeiten kann, sollte man die alte Begrünung vollständig entfernen. Bei geringen Substratdicken kann man unter Umständen Teile oder das gesamte Vlies mitsamt der Vegetation abheben oder vom Rand her aufrollen. Bei höherer Auflage schält man die grüne Matte mit der Flachschaufel vom Vlies ab, ohne dabei die Dachhaut zu beschädigen. Ist sowieso geplant, eine neue Dachhaut zu verlegen, muss man natürlich nicht so vorsichtig vorgehen.

Recycling und Entsorgung

Wie bei jeder Gartenumgestaltung fallen auch beim Bau oder der Begrünung eines Gartenhauses Materialien an, die man entweder wiederverwenden kann oder entsorgen muss. Wir möchten Ihnen hier Anregungen geben, wie man einige anfallende Materialien umweltfreundlich und kostensparend im Garten nutzen kann. Genaue Anleitungen dazu würden den Rahmen unseres Buchs sprengen, aber in anderen Gartenbüchern finden Sie dazu viele Informationen.

Zum Wegwerfen zu schade

Für Material- und Pflanzenreste gibt es viele Möglichkeiten der Verwendung im Garten. Man kann damit den Garten naturnäher und abwechslungsreicher gestalten. Viele Tiere freuen sich über einen reich strukturierten Garten, in dem sie unterschiedliche Bedingungen vorfinden.

▷ **Grassoden**

Beim Aufstellen eines neuen Gartenhauses auf einer Rasenfläche fallen Grassoden an, die man auf verschiedene Weise wiederverwenden kann: zum Begrünen des Dachs (siehe Seite 84), zum Ausbessern schadhafter Rasenstellen im Garten, umgedreht aufgeschichtet für ein Hügelbeet oder zum Herstellen eines Spezialkompostes bzw. guter Gartenerde.

▷ **Erdaushub**

Da ein Gartenhaus niemals einfach auf die Erde, sondern immer auf eine geschotterte und verdichtete Fläche gestellt wird, fällt auch noch Erdaushub an. Mit gutem Mutterboden kann man Senken in Beeten auffüllen oder den oberen bepflanzbaren Teil eines Hochbeetes füllen.

▷ **Steine**

Lesesteine, die im Erdaushub gefunden werden, kann man zu kleinen Haufen im Garten aufschichten oder als Hinterfüllung für eine Trockenmauer nutzen. Besonders schöne und flache Steine kann man auch auf dem Gründach verwenden. Sie sollten jedoch vorher gründlich von anhaftender Erde gereinigt und so platziert werden, dass sie nicht herunterfallen können.

▷ **Schotter**

Für den Unterbau unter einer Gartenhütte braucht man meist Schotter mit Null-Anteil, der zu einer ebenen Fläche verdichtet wird. Hat man davon zu viel bestellt, kann man ihn für das Fundament einer Trockenmauer oder für ein Trockenbiotop im Garten nutzen. Zum Hinterfüllen eignet er sich jedoch aufgrund seines Null-Anteils (Gesteinsmehl) nicht.

▷ **Dränagekies**

Für eine begrünte Garage reichen meist einige Eimer Dränagekies (gesiebt, gewaschen, ohne Null-Anteil) vor Gully oder Traufe aus. Wer ihn nicht selbst in Eimern mit dem PKW beim Baustoffhändler holen kann, sollte überlegen, ob nicht auch an anderer Stelle im Garten Kies benötigt wird, z. B. zum Bau eines Sickerschachtes für die Dachentwässerung, für einen kleinen Gartenteich oder ein Kiesbeet. Hat man sich zu einem weiteren Gartenprojekt für die Zukunft entschlossen, sucht man die Kiesart, Kiesfarbe und Korngröße danach aus und bestellt die passende Menge.

▷ **Substratreste**

Ab einer benötigten Menge von etwa einem Kubikmeter sollte man sich das Dachsubstrat in Big-Bags liefern lassen. Kleinere Mengen kann man aber auch in Säcken zu 40 Litern bekommen, die man dann direkt auf das Dach heben kann. Allerdings sind kleinere Gebinde in Relation zur Menge wesentlich teurer als große. So lohnt es sich, mit Restmengen zu kalkulieren, denn Dachsubstrat ist an vielen Stellen im Garten nützlich: Sie können es zum Lockern in lehmigen Boden mischen. In sandigen Böden erhöht es die Wasserhaltefähigkeit. Sie können Spezialbeete damit füllen, z. B. für Sukkulenten oder winterharte mediterrane (Halb-)Gehölze. In Töpfen, Kübeln und Hochbeeten dient es als Dränageschicht. Ist von vornherein klar, dass größere Reste bleiben, sollten Sie nur die reine Lava-Bims-Mischung bestellen und die benötigte Humusmenge am Boden, z. B. in den Transporteimern selbst untermischen. So können Sie den Humusanteil ganz nach Bedarf abmessen und anpassen.

▷ **Ziegel- und Dachsteine**

Abgedeckte Dachziegel und Betondachsteine kann man zu einer Trockenmauer aufschichten. Zum Begrünen füllt man beim Aufsetzen der Ziegel lehmige Erde zwischen die Lagen und legt Kleintopfstauden waagerecht mit hinein.

Unbegrünte Lehmfugen werden aber auch von manchen Insektenarten zum Graben von Brutröhren genutzt. Als Unterschlupf für Tiere wie Eidechsen und Blindschleichen lässt man schmale Fugen in Bodennähe offen. In großen Nischen am Boden können Kröten und Igel überwintern. Allerdings müssen sie sich bis ins frostfreie Erdreich hinter der Mauer eingraben können, was bei einer Hinterfüllung der Mauer mit Schotter nicht möglich ist. Deshalb hintermauert man hier mit aufgesetzten Steinen, sodass ein Tunnel bis zum Erdreich hinter der Mauer entsteht. Den gleichen Effekt erzielt man, wenn man ein Tonrohr in die Dränage einlegt.

Im Sommer nutzen Mauswiesel und einige Vogelarten Spalten und Hohlräume in der Mauer als Versteck oder Brutplatz.

Größere Mengen unbeschädigter Tonziegel kann man auch über die Zeitung oder das Internet anbieten. Oftmals findet sich jemand, der genau dieses Format zum Auswechseln oder Anbauen benötigt.

▷ **Alte Dachbegrünung**

Eine verfilze abgeschälte Begrünung sollte man nicht auf den Kompost geben, denn Vliesreste und Substratteilchen verrotten nicht. Man kann aber damit einen eigenen Komposthaufen errichten, indem man die Sodenstücke umgedreht aufeinanderschichtet und den feuchten Haufen mit einer Plane abdeckt. Die Vliesreste kann man nach etwa 2 Jahren gut mit der Hand entfernen und die entstandene Komposterde mit den Substratteilchen auf Beeten, in großen Pflanzlöchern, in Pflanzkübeln, unter Gehölzen oder an abgesenkten Gartenstellen verwenden.

▹ **Moose vom Dach**

Moosplacken von abgedeckten alten Dächern müssen nicht mit entsorgt werden. Man kann sie in feuchtem Zustand gut mit einem Spachtel abschälen und zur Begrünung eines schattigen Dachs wiederverwenden (siehe Seite 117). Man kann sie aber auch auf eine schattige Mauer legen. Muss man die Moosplacken vorübergehend zwischenlagern, kann man sie in flache Steigen aus Pappe legen, an einen schattigen Ort stellen und immer leicht feucht halten. Auf dem Boden unter Bäumen wachsen Dachmoose aber nicht.

▹ **Holzreste**

Unbehandelte größere Holzreste (Lärche, Douglasie oder Eiche) vom Bau des Nebengebäudes oder der Dachanpassung sind zu schade zum Verbrennen oder Wegwerfen. Ungestrichen können sie jederzeit im Garten weiterverwendet werden, z. B. zum Bau von Insektennisthilfen, Vogelhäusern oder Nistkästen.

▹ **Folienreste**

Reste neuwertiger Dachfolien können bei kleineren Begrünungsprojekten gute Dienste leisten. Man kann damit aber auch ein Hochbeet ausschlagen oder einen kleinen Tümpel dichten. Lagern Sie die Folie immer schattig und kühl, z. B. in einem kühlen Schuppen oder anderem gut belüfteten Nebengebäude.

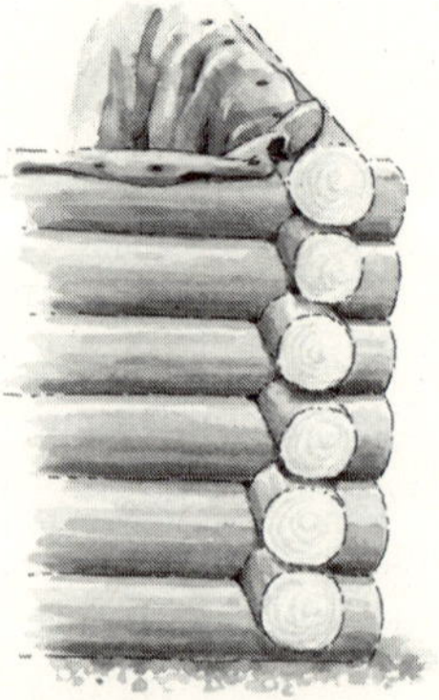

PE-Dachfolien können auch verwendet werden, um ein Hochbeet aus Holz von innen vor Feuchtigkeit zu schützen.

▹ **Vliesreste**

Vliese, die für Dachbegrünung benutzt werden, können im Garten vielfältig eingesetzt werden. Man kann sie auch in einen Folienteich unter die Vegetationsschicht legen, um die Teichfolie zu schützen. In Hochbeeten und Kübeln dienen sie als Trennschicht zwischen Dränage und Pflanzerde. Auch als Winterschutz zum Umwickeln empfindlicher Pflanzen und Kübel sind sie geeignet.

Dünnes Gemüsevlies, das zum Schutz der frisch begrünten Dachfläche ausgelegt wurde, kann danach noch einige Jahre, in passende Stücke geschnitten, zum Abdecken empfindlicher Nutzpflanzenkulturen benutzt werden. Es schützt vor starker Sonnenstrahlung, vor dem Austrocknen, vor Barfrösten und Hagelschäden.

Entsorgung alter Dachmaterialien

Doch es gibt auch Stoffe, die auf alle Fälle ordnungsgemäß entsorgt werden müssen, auch wenn dies nicht immer billig ist. Eine ordnungsgemäße Entsorgung von Baumaterialien gehört zu den Pflichten eines jeden Haus- und Gartenbesitzers. So schön und naturnah ein Gründach auch ist, es ist niemals die »Ausgleichsmaßnahme« für eine wilde Deponie mit Altmaterialien im Garten, die fachgerecht entsorgt gehören. Auch wenn die Kosten für Sondermüll beträchtlich sein können, darf man das Problem nicht kommenden Generationen aufbürden. Bitte halten Sie sich an die Vorschriften, die ihren Sinn haben.

▹ **Behandeltes Holz**

Druckimprägniert, mit Holzschutzmittel behandelt oder gestrichen, gilt jedes Holz als Sondermüll und muss geordnet entsorgt werden. Gemeinden und Kreise unterhalten dafür Sammelstellen, wo das Material gegen Geld abgegeben werden kann. Anschließend wird es in speziellen Öfen unter Abscheidung der giftigen Bestandteile verbrannt (thermische Verwertung). Da die Kosten pro Kubikmeter berechnet werden, lohnt es sich, das Holz ordentlich zu bündeln bzw. in Container oder Hänger aufzuschichten.

▹ Eternitplatten

Asbesthaltiges Eternit muss von einem Spezialunternehmen abgebaut und entsorgt werden. Sie selbst sollten noch nicht einmal ein kleines Loch dort hineinbohren, geschweige denn, selbst abmontieren! Wer die Männer in Schutzanzügen und mit Atemmasken dabei schon einmal beobachtet hat, ahnt, um welch gefährlichen Stoff es sich dabei handelt. Einzelne Asbestfasern reichen aus, noch Jahrzehnte nach dem Einatmen unheilbare Tumore in Lunge oder Rippenfell zu bilden. Diesem Risiko sollte sich niemand selbst und auch niemanden anderes aussetzen, zumal es auch noch streng verboten ist.

Auch gebrauchte Platten dürfen nicht mehr wiederverwendet werden, sobald sie abmontiert wurden. Kommen Sie bitte auch nicht auf die Idee, die Platten zu verschenken, weil Ihr Bekannter damit sein Brennholz abdecken möchte – auch damit machen Sie sich strafbar.

Unter dem Namen Eternit gibt es seit den 1990er-Jahren Wellplatten, die ohne Asbest verarbeitet wurden (Kennzeichnung »AF«). Alte und neuere Platten können nur Dachdecker und Spezialfirmen für Asbestentsorgung sicher unterscheiden.

Über die Wirkung der in asbestfreien Platten enthaltenen, in Form und Länge ähnlich aufgebauten mineralischen Fasern liegen uns keine gesicherten Kenntnisse vor.

▹ Well- und Trapezbleche

Diese Platten können beim Entsorgungsunternehmen als Baureststoffe kostenlos abgegeben werden. Sofern Eisenbleche nicht aus zu viel Rost bestehen, kann man für das Metall beim Schrotthändler sogar noch Geld bekommen. Zum Begrünen eignen sie sich allenfalls im Schatten mit Moosen. Besonnte Bleche werden zu heiß für eine Begrünung.

▹ Well- und Doppelstegplatten aus Kunststoff

Diese bestehen in der Regel aus Acryl, einem unbedenklichen Werkstoff, der vom Entsorgungsunternehmen als Bauresttoff angenommen und thermisch verwertet wird, wie alle anderen Kunststoffe auch. Auch sie eignen sich nicht für eine Begrünung.

▷ **Dachpappen**

Seit etwa 1950 enthalten Dachpappen Bitumen und gehören zu den unbedenklichen Baureststoffen, die man beim Abfallverwerter abgeben kann.

Ältere Dachpappen enthalten meist Teer und damit auch Krebs erregende Kohlenwasserstoffe. Sie gehören damit zum Sondermüll und müssen extra entsorgt werden. Ein Schnelltest mit weißem Heizungslack verrät, ob es sich um Teer handelt: Beim Bestreichen einer Schnittfläche färbt sich diese grün.

Alle Dachpappen müssen grob von anhaftender Erde und Pflanzen gereinigt werden, bevor sie zur Deponie gebracht werden. Da die Kosten meist in Kubikmetern berechnet werden, lohnt es sich, sie eng zusammenzurollen oder in gleichmäßigen Stücken zu stapeln.

▷ **Alte Dachfolien**

Hier handelt es sich meist um PVC oder andere Kunststoffe, die alle als Baureststoffe gelten und thermisch verwertet werden. Reste von intakten oder neuen Folien sollte man dagegen (kühl und dunkel) aufbewahren, denn es gibt immer mal eine Verwendungsmöglichkeit dafür (siehe Seite 162). Kleine Abschnitte können im Hausmüll entsorgt werden.

▷ **Alte verschmutzte Schutzvliese**

Die Polyesterfasern verrotten kaum und sollten deshalb entsorgt werden. Kleine Mengen kann man in die Restmülltonne geben, größere Mengen gelten als Baureststoffe.

Die Autoren

Brigitte Kleinod ist Biologin, Gartenplanerin und Autorin zahlreicher Gartenbücher. Seit über 20 Jahren berät sie Gartenbesitzer, aber auch Kindergärten und Schulen bei der Planung und Gestaltung ihrer Gärten. Als Mitglied im Naturgarten e.V., BUND und NABU setzt sie sich für naturnahe Bepflanzungen und umweltfreundliche Gartengestaltung ein. Frau Kleinod lebt mit ihrer Familie im hessischen Taunus und pflegt einen etwa 3000 qm großen Garten.

Mehr über die Autorin erfahren Sie auf ihrer Internetseite: www.kleinod-garten.de

Gärtnermeister **Friedhelm Strickler** betreibt zusammen mit seiner Frau Monika und 10 Mitarbeitern eine Bioland-Kräuter- und Wildpflanzengärtnerei in Alzey. Seine hohe fachliche Kompetenz und die praktischen Erfahrungen bei der Anzucht und Verwendung von Wildpflanzen und Wildstauden werden nicht nur beim Kauf von Pflanzen, sondern auch bei der Gartenplanung und -gestaltung von den Kunden geschätzt.

Weitere Informationen über das Angebot der Wildpflanzengärtnerei finden Sie unter: www.gaertnerei-strickler.de

Anhang

Begriffe, Umrechnungshilfen ...

Wir haben uns bemüht, alle Fachbegriffe und Dimensionen von technischen Größen möglichst praxisgerecht darzustellen. Beim Nachschlagen in anderen Büchern, besonders von technischer Fachliteratur, werden Ihnen aber immer wieder andere Begriffe und Dimensionen begegnen. Deshalb im Folgenden ein kleiner Anhang, der die wichtigsten Begriffe erläutert (aber keinen Anspruch auf Vollständigkeit erhebt).

Lasten und Gewichte

Beim Thema Dachbegrünung gehen die Angaben von Last und Gewicht oft munter durcheinander, was zu Verwirrung führen kann. Es gibt verschiedene Lasten, für die ein Dach ausgelegt sein muss. Dacheindeckung bzw. Dachbegrünung wirken als ruhende senkrechte Lasten auf die Dachkonstruktion. Beim Kauf der Materialien rechnet man sie der Einfachheit halber in Gewichte um, die pro Quadratmeter Dachfläche auf der Konstruktion ruhen.

Die Angaben von Lasten (in kN/m^2) und Gewichten (in kg) lassen sich ineinander umrechnen:

Man multipliziert das Gewicht (kg) mit der Erdbeschleunigung ($9{,}81\ m/s^2$), der Einfachheit halber mit 10.

$1\ kg \times 9{,}81\ m/s^2$ entspricht ungefähr 10 N bzw. 0,01 kN (in Worten: Newton bzw. Kilonewton).

Alle Gewichtsangaben (in kg) sollten jeweils auf einen Quadratmeter (m^2) bezogen werden (flächenbezogene Gewichtskraft kg/m^2). So kann man die benötigten Mengen für die Dachbegrünung einfach für die eigene Dachfläche umrechnen.

Ein Dach hat unterschiedliche Gewichte zu tragen. Statiker betrachten sie als Lasten, die in unterschiedlicher Weise auf das Dach wirken:

▷ **Nutzlast:**
Die Lastreserve, die nach Abzug aller anderen Lasten verbleibt. In der Praxis die Last, die ein fertig konstruiertes Dach tragen kann, z. B. in Form einer Dacheindeckung oder Begrünung.

▷ **Schneelast:**
Die zu erwartende Last durch Schnee (ist für unterschiedliche Gebiete und Höhenlagen vorgeschrieben). Ein mittlerer Wert für Deutschland ist $0{,}75\ kN/m^2$. In schneereichen Gegenden kann sie deutlich höher liegen.

▷ **Verkehrslast:**
Die Last, die beim Betreten des Dachs entsteht. Hier werden meist 0,75 kN/m² eingesetzt (ein durchschnittlicher Mensch wiegt 75 kg).

▷ **Windlast:**
Die Last, die bei besonders exponierten, steilen oder besonders geformten Dächern entsteht. Sie sollte bereits in der Statik und dem Bau des Daches berücksichtigt worden sein. Sie erhöht sich bei niedrigen extensiven und naturnahen Begrünungen nicht, wohl aber, wenn größere Büsche oder Bäume auf einem Dach stehen, an denen der Wind angreifen kann.

▷ **Ständige Last:**
Eine Dachbegrünung ist, genauso wie eine Dacheindeckung, eine ständige Last. Dazu rechnet man das Substratgewicht (in nassem Zustand) und seine Höhe auf dem Dach zusammen mit dem Gewicht der Pflanzen in kN/m² um (s. S. 166).

▷ **Nicht ständige Lasten:**
Darunter werden Schneelast und Verkehrslast verstanden. Da sie in den meisten Gegenden annähernd gleich angenommen werden (ca. 0,75 kN/m²), kann man bei Nebengebäuden beide Lasten wechselseitig nutzen. Man geht bei Schnee nicht auf das Dach bzw. geht nur hinauf, wenn kein Schnee liegt.

Substratgewichte und Lasten der Begrünung

Zum Berechnen der Last, die durch eine Substratauflage entsteht, muss das spezifische Gewicht des Materials (z. B. 1 m³ Substrat wiegen 1 Tonne bzw. 1000 kg) bekannt sein. Wichtig ist aber, wie viel es in wassergesättigtem Zustand wiegt! Entweder gibt der Hersteller dies an oder man multipliziert das Gewicht mit einem Faktor, der das Wasserhaltevermögen beschreibt. Beträgt das Wasserhaltvermögen beispielsweise bis zur Hälfte des Eigengewichts, wiegt das Substrat nicht mehr 1 Tonne, sondern 1,5 Tonnen bzw. 1500 kg.

Die Tabelle auf Seite 169 zeigt die spezifische Masse von Schüttgütern und Substratbestandteilen sowie fertigen Substratmischungen in wassergesättigtem Zustand. Im trockenen Zustand ist der Humus zwar leichter, er kann jedoch große Mengen Wasser aufnehmen und speichern.

Zur Berechnung der Lasten müssen Sie die Höhe des Substrataufbaus mit der Last bei 1 Zentimeter Substrathöhe multiplizieren. Zuschlagstoffe wie Kompost werden dabei in ihrem prozentualen Anteil (Volumen-Prozent) berücksichtigt.

Eine Lava-Bims-Mischung mit 10-prozentigem Humusanteil setzt sich demnach aus 90 (Volumen-)Prozent mineralischem Gemisch und 10 (Volumen-)Prozent Humus zusammen.

Tipp *Beim Mischen und Transport auf das Dach sind die beim Kauf (annähernd) trockenen Substratbestandteile um etwa zwei Drittel leichter, denn wir haben in unserem vorangegangenen Beispielen und Tabellen immer die Massen bzw. Lasten im wassergesättigten Zustand angegeben! Dies gilt jedoch nicht für den Dränagekies, der kein Wasser aufsaugen kann.*

Spezifische Dichte (in wassergesättigtem Zustand), Gewichte* und Lasten von Schüttgütern, Substratbestandteilen und Substratmischungen

Material (Korngröße in mm)	Spezifische Dichte (kg/m^3)	Flächengewicht* bei 1 cm Höhe (kg/m^2)	Last bei 1 cm Höhe (kN/m^2)
Dränagekies (2 – 8)	1900 – 2000	19 – 20	0,19 – 0,2
Sand (0 – 2)	2000 – 2200	20 – 22	0,2 – 0,22
Kalksplitt (0 – 32)	2000 – 2200	20 – 22	0,2 – 0,22
Bimskies (2 – 20)	1200	12	0,12
Leicht-Lava (2 – 6)	500 – 600	5 – 6	0,05 – 0,06
Lava-Bims-Gemische (2 – 6)	700 – 800	7 – 8	0,07 – 0,08
Blähton	500 – 600	5 – 6	0,05 – 0,06
Gartenerde, Grassoden	1600 – 1800	16 – 18	0,16 – 0,18
Einheitserde	800 – 1000	8 – 10	0,08 – 0,1
Rindenkompost, Kompost (RAL)	1100 – 1200	11 – 12	0,11 – 0,12

* physikalisch richtig, aber im Sprachgebrauch unüblich, müsste es flächenbezogene Masse (kg/m^2) heißen

Der Anteil der Pflanzen am Gewicht der Dachbegrünung ist je nach Pflanzenhöhe und Bewuchsdichte mit 5 bis 10 kg/m^2 bzw. die Last mit 0,05 bis 0,1 kN/m^2 relativ gering. Wir meinen, dass er bei extensiven und naturnahen Begrünungen vernachlässigt werden kann. Nur bei Intensivbegrünungen mit größeren Gehölzen, die wir hier nicht beschreiben, spielt das Gewicht der Begrünung eine Rolle. Bei größeren Gehölzen müssen außerdem die zusätzlichen Windlasten berücksichtigt werden.

Dachneigungen und Dachgefälle

Hier werden oft unterschiedliche Angaben zur Dachneigung in Grad (°) oder zum Gefälle in Prozent (%) gemacht. Die Neigung der Dachkonstruktion wird immer in Grad (°) angegeben. Flachdächer (0-Grad-Dächer) können auf der obersten Dachschicht ein Gefälle in Richtung Entwässerung haben. Dieses wird immer in Prozent (%) angegeben.

Geneigte Dächer haben zwangsläufig ein Gefälle und werden am tiefsten Punkt entwässert.

▹ **Berechnung des Gefälles in Prozent (%)**
Mit einer langen Wasserwaage und einem Zollstock oder einer Richtlatte kann man das Gefälle eines Daches leicht bestimmen (und mit Hilfe einer Tabelle in Grad umrechnen). Die Höhendifferenz in Zentimeter pro gemessenem Meter Strecke entspricht dem Gefälle in Prozent.

Beim Flachdach misst man einmal in Quer- und einmal in Längsrichtung des Daches. Dabei kann man auch Unebenheiten und größere Senken feststellen und kontrollieren, ob ein vorhandener Gully ordnungsgemäß an der tiefsten Stelle eingebaut wurde.

▹ **Berechnung der Neigung in Grad (°)**
Dazu benötigt man einen Winkelmesser (z. B. ein Geodreieck) und eine Wasserwaage. Man legt das Geodreieck mit dem langen Schenkel hochkant auf eine ebene Fläche auf, peilt über die Dachkante und liest das Gefälle auf dem Geodreieck ab. Mit der Wasserwaage kann man sicherstellen, dass das Geodreieck waagrecht liegt. Ebenso kann man das Geodreieck mit einem kurzen Schenkel an einer senkrechten Wand oder einem Pfosten anlegen.

Umrechnung von Grad in Prozent

Neigung in Grad (°)	Gefälle in Prozent (%)
3	5,2
5	8,8
10	17,6
15	26,8
20	36,4
25	46,6
30	57,7
35	70,0
40	83,9
45	100,0

Umrechnung von Prozent in Grad

Gefälle in Prozent (%)	Neigung in Grad (°)
5	2,9
10	5,7
15	8,5
20	11,3
30	16,7
40	21,8
50	26,6
60	31,0
80	38,7
100	45,0

Entwässerung

Viele Gartenhäuser werden in Bausätzen ohne Entwässerungsbauteile geliefert. Baut man ein Nebengebäude selbst oder muss im Zuge der Begrünung eine alte Entwässerung erneuert werden, muss man sich ebenfalls Gedanken über die richtige Größe bzw. den Durchmesser der Entwässerungsbauteile machen. Doch auch Niederschlag und Dachneigung gehen in die Berechnung des Abflussbeiwerts ein. Lassen Sie sich dazu von kompetenter Seite beraten.

▷ **Niederschlag**

Unter Niederschlag werden Regen, Graupel, Hagel und Schnee verstanden. Die festen Komponenten Graupel, Hagel und Schnee bleiben auf dem Dach liegen und sind eine Schneelast (siehe Seite 166). Wenn sie tauen, geschieht dies meist langsam und stetig.

Regen (flüssiger Niederschlag) kann in großen Mengen kurz und heftig anfallen (Starkregen) oder, für die Begrünung optimal, stetig und in kleinen Tröpfchen.

Für die Begrünung und das Substrat ist sowohl die durchschnittliche Regenmenge, aber auch das Auftreten von Starkregen und die Länge der regenfreien Zeiten im Sommer wichtig. Fällt der Niederschlag vorwiegend im Winter als Schnee, ist das zwar ein guter Frostschutz für die Pflanzen, trägt aber nicht zu ihrer Wasserversorgung im Sommer bei. Hier muss man auf die Erfahrungen mit der Niederschlagsverteilung im Jahr in der Gegend zurückgreifen.

Man unterscheidet zwischen dem mittleren und dem maximalen Niederschlag:

- In Deutschland beträgt der Niederschlag im Mittel pro Jahr etwa 750 Millimeter bzw. Liter pro Quadratmeter. Der mittlere Jahresniederschlag sagt aber nichts aus über die Wassermengen, die innerhalb weniger Minuten auf eine Fläche regnen können.
- Der maximale Niederschlag ist hingegen die Menge an Niederschlag, die in einer definierten Zeit auf eine Fläche fällt. Hier werden entweder 1 Minute, 15 oder 60 Minuten angegeben. Da Gründächer den Abfluss verzögern und gute Substrate viel Wasser speichern können, ist die Angabe in Niederschlag innerhalb von 15 Minuten am zweckmäßigsten.

Von Wetterämtern und in Fachliteratur werden die Angaben oftmals in Liter oder Millimeter pro Sekunde und Hektar innerhalb von 15 Minuten angegeben.

▷ **Abflussbeiwert und Entwässerung**

Jedes Dach ist eine Entwässerungsfläche, auf die Niederschlag auftrifft und abgeführt werden muss. Dieses Wasser gelangt entweder in den öffentlichen Kanal (und kostet Abwassergebühr) oder es wird in einen Vorratsbehälter (Zisterne, Regentonne) geleitet und kann im Haus und/oder im Garten wiederverwendet werden. Kleinere Mengen Wasser kann man auch in einen Gartenteich oder über einen Sickerschacht (Rigole) in den Garten leiten.

Bei flachen Dächern entspricht die Entwässerungsfläche der gemessenen Dachfläche. Bei steilen Dächern zählt nur die Projektionsfläche, also die horizontal über dem Dach gemessene Fläche (wie auf einer Karte).

Die Menge von einem Dach pro Zeiteinheit abfließenden Wassers ist abhängig von Dachfläche (bzw. Projektionsfläche) und Dachneigung. Je steiler ein Dach ist, desto schneller läuft auftreffendes Wasser ab.

Ein weiterer Faktor ist der Abflussbeiwert, der etwas über die Rauigkeit der Dachhaut aussagt. Bei hart gedeckten Dächern beträgt er 1, was bedeutet, 100 Prozent des auftreffenden Wassers fließen vom Dach direkt wieder ab. Bei begrünten Dächern beträgt der Abflussbeiwert zwischen 0,4 und 0,6, je nach Dicke und Wasserhaltefähigkeit des Substrates sowie der Dachneigung. Wenn man annimmt, dass nur die Hälfte des anfallenden Dachwassers in die Entwässerung gelangt, ist das ein guter Mittelwert, mit dem man die benötigten Dimensionen der Entwässerungsbauteile abschätzen kann.

Traufe, Regenrinne, Gully und Co.

Für die Berechnung des Querschnitts von Gullys, Regenrinnen und Abflussrohren sind die Dachfläche, die Dachneigung und der Abflussbeiwert entscheidend. Bei hart gedeckten geneigten Dächern spielt auch die Länge der Dachfläche vom First zur Traufe eine Rolle.

Bei begrünten Dächern wird jedoch die Abflussmenge nicht nur durch den Abflussbeiwert verringert, sondern durch Vlies und Substratschicht auch zeitlich stark verzögert. Bei steilen begrünten Dächern tragen auch die Schubschwellen dazu bei.

Die pro Zeiteinheit und Fläche anfallenden Abflussmengen sind bei begrünten Dächern also wesentlich geringer. Alle Gullys, Regenrinnen und Abflussrohre können deshalb im Durchmesser um etwa ein Viertel bis ein Drittel kleiner ausfallen (beispielsweise statt 10 Zentimeter Durchmesser lediglich 7 oder 8 cm Durchmesser).

Bei geneigten Dächern mit Traufe muss das Traufblech (Kiesfang) bzw. der Traufbalken die anfallenden Wassermengen hindurch lassen. Dazu müssen Aussparungen eingeplant werden. Die Fläche der Aussparungen sollte etwa 50 Prozent der Querschnittsfläche des Traufblechs bzw. des Traufbalkens betragen. Allerdings ist das nur in den untersten 3 bis 4 Zentimetern nötig, da das Dachwasser nur in Bodennähe über der Dachhaut abfließt (und nicht in der gesamten Höhe des Substrates). Ebenso kann man den Traufbalken auf Abstandshalter von etwa 3 cm Höhe montieren. Das Vlies hinter dem Traufblech bzw. -balken verzögert den Abfluss. Wasser, das sich dahinter staut, wird zum Teil vom Substrat aufgesogen.

Dränage

Unter einer Dränage versteht man das unterirdische Erfassen von Wasser (im Bereich des Untergrundes) und das drucklose Abführen zu einem Abfluss. Im Fall einer Dachentwässerung benutzt man eine Kiespackung in Form einer Rolle. Dazu wird Kies auf ein Vlies geschüttet und in dieses einschichtig eingerollt. Wird über einen Gully entwässert, legt man die Kiesrolle ringförmig um den Gitterkorb des Bodeneinlasses herum. Erfolgt die Entwässerung durch ein Traufgitter, liegt die Dränagepackung vor dem Gitter.

Eine Dränage kann verstopfen, wenn sich das Vlies mit feinen Substratteilchen wie Humus bzw. Kompost zusetzt. Verhindert werden kann das nur, wenn man auf Kompost vor der Dränage verzichtet. Gute Durchwurzelung des Substrates hält jedoch feine Substratteilchen vor dem Wegschwemmen fest. Ist das Dränagevlies dennoch zugesetzt, kann man es recht einfach erneuern und den Kies wiederverwenden.

Technische Begriffe kurz erklärt

▹ **Vliese**

Geovlies: ein weißes stabiles Wirrgewebe aus Kunststofffasern zum Schutz von Teichfolien, *Dachhäuten, als Unterlage für den Wegebau, zur Hangsicherung und für weitere Anwendungen im GaLa-Bau. Wird in unterschiedlichen Dicken nach Gramm pro Quadratmeter bemessen.

Gemüsevlies: ein sehr dünnes, lichtdurchlässiges *Vlies zum Schattieren von Pflanzenkulturen, zum Schutz vor Barfrösten, gegen Verwehung u. a.

Filtervlies: das obere *Schutzvlies auf der Folie, verhindert beim *zweischichtigen Substrataufbau, dass feine Substratteilchen in die Dränageschicht gelangen.

Schutzvlies: Schützt die Folie gegen Beschädigung von unten und oben. Das obere Schutzvlies saugt Wasser auf und wird von den Pflanzen durchwurzelt. Sollte auf dem Gründach etwa 300 g/m² wiegen.

Trennlage: ein *Vlies, das zum Schutz vor unerwünschten chemischen Reaktionen zwischen eine alte Dachhaut und eine neue Dachfolie gelegt wird. Ist gleichzeitig unteres *Schutzvlies für die Folie.

Krallmatte: stabile Kunststoffschlaufen, die auf einem *Vlies befestigt sind. Sie verhindern das Abrutschen von Substrat auf dem Dach und dienen gleichzeitig als oberes *Schutzvlies für die Folie.

Schubschwelle: zur Abrutschsicherung aufgelegte Gitterkonstruktion aus Holz, Kunststoff oder Metall für Steildächer, die sich am *Traufbalken abstützt.

▹ **Folie**

Dachhaut: die oberste, wasserdichte *Schutzlage eines unbegrünten Dachs. Früher Teerpappe, heute Bitumenbahn (»Dachpappe«), eine Folie oder armierte Dichtungsbahn.

Wurzelschutzbahn oder -folie: eine wurzelfeste *Dachhaut.

Teichfolie: eine wurzelfeste Folie für den Teichbau, die bei Nebengebäuden ab 1 mm Dicke auch für extensive und naturnahe Dachbegrünungen verwendet werden kann. Sie muss vor UV-Strahlung geschützt werden!

UV-Schutz: Abdeckung einer Folie gegen Sonneneinstrahlung, deren UV-Anteil die Kunststoffe porös und damit undicht werden lässt.

▹ **Dachrand**

Attika: der erhöhte Rand eines *Flachdachs.

Aufkantung: eine Erhöhung des Dachrandes bzw. der *Attika.

Dachanschluss: die Kontaktfläche von einem Dach (z. B. Garagendach) an das Mauerwerk eines anderen Gebäudes (z. B. Wohnhaus).

Randanschluss: die Verbindung der Dachfolie mit dem Dachrand, z. B. eine spezielle Klemmschiene.

Dachdurchdringung: die Stelle, an der ein Gully, ein Entlüftungsrohr, ein Kabel oder Kamin eine Öffnung der *Dachhaut nötig macht.

Traufbalken: der stabile Dachrand eines geneigten Dachs in Form eines runden oder eckigen Balkens. Er muss auf Distanzhalter gelegt werden, damit das Dachwasser unter ihm abfließen kann. Je steiler und länger das Dach, desto höher sind die Schubkräfte des Substrats. Auch die *Schubschwellen beim Steildach stützen sich hier ab.

▷ **Traufe**

Traufentwässerung: die Entwässerung eines geneigten Dachs über den gesamten Dachrand. Das Wasser kann über die gesamte Breite über einen Kiesfang in eine Rinne laufen oder mittels einer *Kiesdränage zu zwei Eckgullys geleitet werden.

Traufblech: ein gelochter oder mit Schlitzen versehener stabiler (geknickter oder gefalzter) Blechstreifen, der Kies zurückhält und Wasser durchlässt.

Kiesfang: ein gelochtes stabiles Blech (s. Traufblech) oder ein Korb für einen *Gully. Beide verhindern, dass *Dränagekies, grobe Substratteilchen oder Laub in die Entwässerung gelangen.

Traufbalken: der Dachrand an der *Traufe eines geneigten Dachs. Er wird entweder auf Distanzhaltern befestigt oder kammartig eingeschnitten, damit das Dachwasser ablaufen kann.

▷ **Entwässerung**

Gefälle: der Entwässerung dienende Neigung eines Weges, Platzes oder *Flachdachs in % (meist 2 – 3 %).

Neigung: der Winkel einer Dachneigung gemessen in Grad.

Dränage: eine geschüttete Schicht aus Kies oder eine spezielle Matte zum Ableiten von Wasser (*Festkörperdränage).

Dränagekies: gesiebter und gewaschener Kies definierter Korngröße.

Festkörperdränage: eine poröse oder wabenförmige Kunststoffmatte zum Ableiten überschüssigen Wassers (*Dränage).

Filterschicht: eine *Dränageschicht bei der zweischichtigen Begrünung. Sie kann statt aus Dränagekies aus reinem mineralischen Substrat (ohne organische Zusätze!) bestehen, das leichter ist als Kies.

Gully: ein senkrecht eingebauter Dachablauf, der mit einem Kiesstreifen ummantelt und einem *Kiesfang abgedeckt werden sollte.

Überlauf: ein waagerecht eingebauter Ablauf.

Anstau: Wenn der Wasserablauf etwas höher als die Dachfläche eingebaut wird, staut sich das Regen- bzw. Gießwasser so lange, bis es vom Substrat aufgesogen wird. In Gegenden mit wenig Niederschlag erreicht man damit eine bessere Ausnutzung des Wassers. Bei viel Niederschlag kann der Wasseranstau zu Vernässung des Substrats und damit zu Wurzelfäulnis bei den Pflanzen führen.

▷ **Substrat**

Im Gartenbau werden mit Substrat alle Nährböden bezeichnet, sowohl industriell hergestellte als auch in der Natur bzw. im Garten vorkommende Erden. Pflanzen sind an unterschiedliche Bodentypen angepasst, die sich in ihren Bestandteilen unterscheiden. Hergestellte Substrate bestehen aus einer abgestimmten Mischung von mineralischen und organischen Bestandteilen zur Durchwurzelung und Ernährung der standortgerechten Pflanzen.

Dachsubstrate haben einen hohen mineralischen Anteil aus porenreichen Schüttstoffen (Lava, Bims u.a.). Sie können große Mengen Wasser aufnehmen, aber auch wieder an die Pflanzenwurzeln abgeben. Sie sind strukturstabil, verwittern also nicht und haben ein geringes spezifisches Gewicht. Je nach Begrünungstyp werden organische Bestandteile (meist kontrollierter Kompost) in unterschiedlichen Mengen beigemischt.

Bezugsquellen

▹ Dachsubstrate und Dachbegrünungs-Systeme

VulkaTec Riebensahm
Im Pommerfeld 2
56630 Kretz bei Andernach
www.vulkatec.de

Ökohum
Obere Bergenstraße 8
88518 Herbertingen
www.oekohum.de

re-natur
Charles-Roß-Weg 24
24601 Ruhwinkel
www.re-natur.de

Optigrün international
Am Birkenstock 19
72505 Krauchenwies-Göggingen
www.optigruen.de

▹ Samen, Sprossen, Moose

Rieger-Hofmann GmbH
In den Wildblumen 7
74572 Blaufelden-Raboldshausen
www.rieger-hofmann.de
(Samen, Sprossen, Moose, mit Herkunftsnachweis)

Voitsauer Wildblumensamen
Karin Böhmer
3623 Voitsau 8
Österreich
www.wildlblumensaatgut.at
(Samen)

▹ Stauden und Zwerggehölze fürs Dach

Kräuter- und Wildpflanzengärtnerei Strickler
Lochgasse 1
55232 Alzey-Heimersheim
www.gaertnerei-strickler.de

Hof Berg-Garten
Großherrischwand
Lindenweg 17
79737 Herrischried
www.hof-berggarten.de

Gartenbau Wagner
Gutendorf 36
8353 Kapfenstein
Österreich
www.gartenbauwagner.at

Wildstauden Gärtnerei
Patricia Willi
Neumühle 2
Schweiz
6274 Eschenbach
www.wildstauden.ch

▹ Nisthilfen

Manufactum
Hiberniastraße 5
45731 Waltrop
www.manufactum.de

Schwegler Vogel- und Naturschutzprodukte
Heinkelstraße 35
73614 Schorndorf
www.schwegler-natur.de

Naturgarten e.V. –

Der Verein für naturnahe Garten- und Landschaftsgestaltung
Naturbegeisterte Gartenbesitzer, Biologen, Gartengestalter und Landschaftsarchitekten gründeten 1990 den Verein für naturnahe Garten- und Landschaftsgestaltung (kurz Naturgarten e.V.). Seitdem wird die Naturgartenidee mit viel Tatkraft, Idealismus und Begeisterung weiter entwickelt und hat sich weit über Deutschlands Grenzen hinaus verbreitet.

Einblicke in unsere Vision:
Die Zukunft der Garten- und Landschaftsgestaltung gehört dem naturnahen Grün – nicht nur im privaten Bereich vor der Haustür, sondern genauso in öffentlichen Anlagen: Schulhöfen, Kindergärten, Firmengeländen, Verkehrsgrün ... die Möglichkeiten sind unzählig.

Ein dichtes Netzwerk von Naturoasen mit vielfältig strukturierten Lebensräumen für einheimische Pflanzen und Tiere ermöglicht uns und unseren Kindern durch bewusstes Erleben den Zugang zur Natur.

Wir möchten den Weg vom monotonen Einheitsgrün und exotischen Pflanzungen hin zu vielfältigen, bunten und artenreichen Lebensräumen entscheidend prägen.

Wir sehen uns als Gemeinschaft, in der sich die einzelnen Mitglieder gegenseitig in ihrer Naturgartenarbeit unterstützen und jedem Interessierten Hilfe und Wissen anbietet.
Durch unser persönliches Beispiel möchten wir die Menschen für den verantwortungsbewussten, schonenden Umgang mit allen Ressourcen sensibilisieren.

Der Erfolg unserer Arbeit hängt von jedem einzelnen Mitglied ab. Die kleinen täglichen Beiträge sind mindestens genauso wichtig wie große spektakuläre Aktionen.

Machen Sie mit, teilen Sie unser Miteinander-Leben und Voneinander-Lernen. Egal ob Freizeit-Naturgärtner, Profi-Naturgärtner, Naturschützer, Umweltbeauftragte oder stille Förderer im Hintergrund – wir freuen uns über jedes (neue) Naturgartenmitglied.
Helfen Sie mit, das Netz zu knüpfen. Naturgarten e.V. – ein Netzwerk fürs Leben!

NaturGarten e.V.

Naturgarten e.V.
Bundesgeschäftsstelle
Kernerstr. 64
74076 Heilbronn
Telefon: 07131 / 64 9999 6
E-Mail: geschaeftsstelle@naturgarten.org
Website: www.naturgarten.org

Wir engagieren uns noch stärker für den Klimaschutz!

Seit mehr als 15 Jahren drucken wir unsere Bücher weitestgehend auf Recyclingpapier und versuchen damit, eine ressourcenschonende und umweltfreundliche Buchproduktion zu ermöglichen.

In den letzten Jahren ist der Klimawandel mit seinen weitreichenden Folgen für uns und vor allem unsere nachfolgenden Generationen immer mehr zum Thema geworden. Die Auswirkungen sind bereits jetzt spürbar – Wetterextreme, sich verschiebende Jahreszeiten, Erderwärmung. Auch wenn diese Entwicklungen nicht mehr völlig aufzuhalten sind, müssen wir – auch als Verlag – aktiv werden.

Die *freiburger graphische betriebe,* die Druckerei, in der unsere Bücher produziert werden, beteiligen sich an der Klimainitiative der Druck- und Medienverbände Deutschland und bieten die Möglichkeit, Buchproduktionen klimaneutral herstellen zu lassen. »Klimaneutral« bedeutet den Ausgleich von Treibhausgasen bzw. die Neutralisation durch die Einsparung einer bestimmten CO_2-Menge an anderer Stelle. Da die Wirkungen des Treibhauseffektes global schädigen, ist es irrelevant, an welchem Ort der Welt Emissionen entstehen und wo sie dann letztendlich eingespart werden. Der gesamte Prozess des Ausgleiches von Treibhausgasen basiert auf dem Kyoto-Protokoll von 1997.

Wir haben nun die Möglichkeit, für jedes Druckprodukt den genauen Wert des CO_2-Ausstoßes, der auf den Produktionsprozess in der Druckerei und deren Materialeinsatz zurückzuführen ist, zu ermitteln. Mit Hilfe eines vom Bundesverband der deutschen Druckindustrie entwickelten Rechners, mit dem viele Faktoren erfasst werden – Energieverbrauch, Farbe, Papier, Transportwege oder Einsatz von Personal – wird am Ende der Buchproduktion ein Wert ermittelt, der die relevante Wertschöpfungskette für die technische Herstellung des Buchs umfasst und den durch die Produktion verursachten CO_2-Ausstoß nachweist.

Für diesen Wert bezahlen wir als Verlag einen Ausgleich, der dann in anerkannte und zertifizierte Klimaschutzprojekte fließt. Die Zertifizierung erfolgt durch die Organisation *firstclimate* (www.firstclimate.com) und wird durch das Logo »Print CO_2 kompensiert« angezeigt.

Die aus dem Druck dieses Buchs resultierende Klimaabgabe fließt in ein Windparkprojekt in der Marmara-Region in der Türkei.

Das Projektgebiet liegt in der Marmara-Region an einem Höhenrücken etwa 350 m über Meereshöhe, nahe der Dörfer Elbasan und Çatalca unweit Istanbuls. Im Rahmen des Projekts werden 20 Windenergieanlagen mit einer Nennleistung von je 3 MW errichtet.

Brigitte Kleinod:
Das Hochbeet
ISBN: 978-3-89566-261-4

Brigitte Kleinod:
Neue Ideen für Hochbeete
ISBN: 978-3-89566-287-4

Paula Polak:
Regenwasser im Garten nachhaltig nutzen
ISBN: 978-3-89566-285-0

Ulrike Aufderheide:
Rasen und Wiesen im naturnahen Garten
ISBN: 978-3-89566-274-4

Wolf Richard Günzel:
Das Insektenhotel
ISBN: 978-3-89566-300-0

Wolf Richard Günzel:
Der hummelfreundliche Garten
ISBN: 978-3-89566-276-8

Uwe Westphal:
Hecken – Lebensräume in Garten und Landschaft
ISBN: 978-3-89566-296-6

Werner David:
Lebensraum Totholz
ISBN: 978-3-89566-270-6

ISBN: 978-3-89566-303-1

Rheinstraße 35, 64283 Darmstadt
www.pala-verlag.de

Umschlag- und Innenillustrationen: Margret Schneevoigt

Lektorat: Barbara Reis

Satz und Layout: Verlag die Werkstatt, Göttingen
www.werkstatt-verlag.de

Druck und Bindung: fgb • freiburger graphische betriebe
www.fgb.de
Printed in Germany

Dieses Buch ist auf Papier aus
100 % Recyclingmaterial gedruckt
und klimaneutral produziert.

Print CO_2 kompensiert
Id-Nr. 1218112
www.bvdm-online.de